양쥐언니 뷰티 다이어리

아름다움을 꿈꾸는
'꽃줌마' 양쥐언니의

Beauty Diary

두 번째 이야기

양쥐언니 뷰티 다이어리
아름다움을 꿈꾸는 '꽃줌마' 양쥐언니의 Beauty Diary 두 번째 이야기

발 행 일	2020년 12월 21일
지 은 이	양지혜
펴 낸 이	백종운
펴 낸 곳	한국방송출판
편 집 인	송영원
디 자 인	김명희
출판등록	제16-2249호(2000년 9월 18일 등록)
전화번호	(02)3144-7840
팩스번호	(02)3144-7832
정 가	22,000원
I S B N	978-89-7200-278-9(13590)

아름다움을 꿈꾸는
'꽃줌마' 양쥐언니의
양쥐언니 뷰티 다이어리
Beauty Diary
두 번째 이야기
양지혜 지음
"세상의 모든 '여자'의
아름다움을 소망합니다."
20대로 살아가는 40대 여성의
뷰티 다이어리, 그 두 번째 이야기
SNS 유명 인플루언서이자
두 아이의 엄마 양쥐언니가 들려주는
그녀의 동안 관리 비법, Beauty Life

프롤로그

세상의 모든 '여자'의 아름다움을 소망합니다

세상의 모든 것들은 저마다의 아름다움을 지니고 있다고 합니다. 화려하고 현란한 것들은 한 눈에 시선을 사로잡지만, 오래 곁에 두고 살펴 볼수록 예쁜 것들도 있습니다. 저는 여자의 미모도 다르지 않다고 생각합니다.

누구나 각자의 매력을 지니고 태어 납니다. 그리고 그 안에서 자신의 아름다움을 발견하고 가꾸며 자신의 소중함을 한 번 더 깨닫게 되는 게 아닌가 싶습니다. 우리는 본능적으로 아름다움을 추구하는 것도 강렬한 자기애의 다른 표현이 아닐까요?

30대 후반에 뒤늦게 자기관리를 결심하고 일기를 쓰듯 SNS에 저의 관리일상을 기록하기 시작했습니다. 어느날 갑자기 찾아온 제 심경의 변화는 '인식'에서 비롯했습니다. 아이의 엄마이자 평범한 아줌마로 살아가는 제 자신을 정면으로 마주하면서, 그 안에 잊혀져 가는 '여자 양지혜'를 인식하게 된거예요.

생각하지 못했을 때는 보이지 않았고, 보이지 않았을 때는 욕망하지 않았습니다. 평범한 주부로 주어진 만큼에 만족하며 지냈습니다. 여자로서 예뻐지고 싶은 욕심, 나로 살아가는 '나의 인생'에 무심한 채로 살았죠. 저와 비슷한 상황인 모든 여자가 다 그렇게 산다고 생각했고 그렇게 보였습니다.

생각이 바뀌니 세상이 달라 보였습니다. 욕망하는 여자들, 노력하는 젊음, 나이를 잊은 미모는 분명 존재하고 있었습니다. 다이어트를 시작으로 저의 도전도 시작됐습니다. 엄마도 여자로 살 수 있다는 확신과 함께 잃어버린 '나'를 되찾는 저의 뷰티 일기장이 채워지기 시작했습니다.

저의 일기에는 새로운 시도 속에서 변화하는 나를 보며 느끼는 만족감, 더 나은 내일을 꿈꿀 수 있는 자신감, 여자로 살아가는 40대 주부의 일상이 모두 담겨 있습니다. 그리고 이젠 그 이야기를 더 많은 분들과 함께 나누고 싶네요.

원하고 꿈꾸는 모든 일은 분명 실현될 수 있습니다. 생각보다 조금 더딘 속도로 나아갈 수는 있지만 멈추지 않으면 끝내 이루어집니다. 꽃보다 아줌마! 평생 아름다운 여자로 나이들고 싶은 저의 꿈도 그 중 하나가 아닐까 합니다. 그럼 저의 두 번째 이야기를 시작합니다.

C O N T E N T S

이너뷰티

다이어트

에필로그

ANGY's Beauty Diary

40대 꿀피부 아주미의 홈케어 루틴 A to Z

"평범의 반복 속에서 피부 인생의 드라마를 씁니다."

SNS로 헬스와 뷰티 일상을 이야기하고 지냅니다. 덜 늙고, 더 젊게, 평생 건강한 삶을 살고 싶어서 30대부터 관리를 시작했어요. 매일 일기를 쓰는 마음으로 저의 관리 루틴을 SNS에 기록하다 보니, 어느덧 40대의 문턱을 지나왔습니다.

두 아이의 엄마이자 일하는 워킹맘인 보통의 주부이기 이전에 '한 여자'라는 사실을 잊은 적이 없습니다. 뷰티 크리에이터 '양쥐언니'는 아름다움을 포기할 수 없는 여자 양지혜 그 자체라고 생각해요.

관리하는 여자로 사는 저에게 나이는 숫자에 불과합니다. 나이에 연연하기 보다는 지금의 제게 부족한 부분을 발견하고 조금 더 나은 상태로 개선하는데에 최선을 다하며 몇 년을 보냈습니다.

작년부터는 홈케어를 시작하며 기초스킨케어와 노화관리를 착실히 진행 중입니다. 타고나게 좋은 피부도 아니고, 전문지식도 없이 혼자 테스팅하고 연구하며 시작한 관리지만 1년 사이 피부 상태가 많이 좋아진 것 같아요. 성형이나 피부과 시술만큼 드라마틱한 변화는 아니지만, 이전보다 덜 예민하고 전반적으로 피부가 건강해진 것을 느낄 수 있습니다.

곧 1년 째를 맞이하는 저의 홈케어는 바이오 기술을 접목한 기초스킨케어로 요약할 수 있습니다. 클렌징 제품과 닦토, 앰플, 크림 등의 기초 화장품 3종이 전부라 해도 무방할 정도로 단순한 루틴이예요. 하지만 '품질 좋은 화장품'의 꿀조합과 '꾸준한 관리'가 만나 얻어지는 시너지는 '분명하고', '확실하다'고 말씀드리고 싶습니다.

"꽃에 물을 주듯, 피부의 건강을 가꿉니다"

꽃 한 송이를 피우려면 물과 흙, 햇볕만 있으면 됩니다. 무척 간단하죠. 하지만 그

이면에는 매일 꾸준히 물을 주는 정성과 양분을 주고 잡초를 뽑아주는 사람의 손길이 숨겨져 있습니다. 여자의 피부도 꽃을 키우는 것처럼 관리하면 나날이 화사하게 거듭납니다.

제가 생각하는 성공적인 홈케어의 기본은 3가지 입니다. 좋은 원료로 만든 믿을 수 있는 화장품이 첫 번째, 각각의 제품 효과에 시너지를 내는 좋은 조합이 두 번째, 꾸준히 씻고 바르는 성실한 관리가 세 번째예요.

좋은 화장품으로 '나만의 루틴'을 가지고, 꾸준히 관리해 주면 피부는 좋아질 수 밖에 없습니다. 조금 더 응용해서 그날 그날의 피부 상태에 따른 맞춤관리까지 더해주면 홈케어 초보 단계는 마스터했다고 봐도 좋아요.

만일 홈케어가 익숙치 않은 초보라면 기초 스킨케어 루틴을 매일 아침, 저녁으로 꾸준히 반복해 주는 것부터 시작하라고 말씀드리고 싶습니다. 피부의 유·수분 밸런스를 맞춰 피부장벽을 튼튼하게 만들어 주는 것이 중요해요. 따라서 기초 제품은 보습과 영양보충에 효과적인 순한 제품을 추천합니다.

저의 기초스킨케어 루틴은 바이오화장품 아로셀과 함께 하고 있습니다. 세안 후, '곰돌이 닦토'로 피부결을 정돈한 다음, 회춘단백질을 함유한 '타임앰플'을 발라 보습과 탄력, 주름을 관리합니다. 앰플 다음 단계는 수분크림인 '밀키크림'을 발라요. 동키밀크와 줄기세포배양액 추출물이 담긴 크림으로 피부 속에 수분을 채우고 표면에 수분장벽을 만들어 피부 속 수분을 보호해 주는 거죠.

기초케어 직전 클렌징은 마시멜로우 클렌저로 합니다. 그린등급의 자연유래성분을 담은 순한 클렌저는 자극없이 말끔하게 노폐물을 씻어내고 피부를 촉촉하게 만들어 줘요. 진한 메이크업은 한 날은 저녁 세안 전에 메이크업 클렌징 제품인 '순둥이 패드'로 색조화장품을 지우는 것도 잊지 않습니다.

피부는 '비움과 채움'의 반복 속에서 예뻐진다고 합니다. 그만큼 세안과 기초스킨케어가 중요하다는 말인 것 같아요. 피부를 자극하고 트러블을 유발하는 노폐물과 피지는 말끔히 제거하고, 피부에 유효한 수분인자와 영양성분을 공급해 주는 관리가 곧 '홈케어'가 아닐까요?

이 단순한 관리를 4주 이상 꾸준히 지속하면, 안색부터 환해지는 변화를 느낄 수 있습니다. 그렇게 홈케어 1년 차를 바라보는 지금은 탱탱한 탄력과 촉촉한 물광이 도는 건강한 피부를 유지하는 중입니다. 다이어트도 감량보다 유지가 중요한 것처럼 홈케어도 꾸준한 관리는 필수예요.

오늘은 저의 일상 속 홈케어 루틴을 소개해 드렸습니다. 피부가 좋을 수록 외모는 더 어리고 예뻐 보여요. 일상 속에서 피부의 젊음과 건강까지 챙길 수 있는 홈케어로 잃어버린 젊음과 미모를 회복해 보는 것은 어떨까요.

맞춤 홈케어 시대, 상황따라 골라 쓰는 클렌징 '잇템'

"하루라도 일찍 관리하세요.
여자의 관리 '복리' 이자가 붙는 저축입니다"

보기 좋은 음식이 먹기도 좋다는 말이 있습니다. 실속을 최우선으로 하는 주부지만 예쁜 것에 더 마음이 쏠리는 마음은 어쩔 수 없나 봅니다. 공산품은 가성비를 먼저 따지지만 옷이나 화장품 같은 개인용품은 무엇보다 취향을 최우선으로 생각합니다. 우선 내 마음에 들어야 자주 입고 쓰게 되니까요. 아무리 싸고 좋은 제품도 끝까지 쓰지 못하고 버리면 그게 진정한 '낭비'가 아닐까 생각해요.

이왕이면 다홍치마를 추구하는 저의 본능은 홈케어 일상에서도 통합니다. 똑같은 성분과 효능을 가진 제품이라면 더 싸고 예쁘고 편리한 제품에 눈이 갑니다. 향기와 용기 디자인까지 마음에 쏙 드는 아이템은 왠지 더 가까이에 두고 쓰게 되니까 오히려 더 실용적이라는 생각도 합니다.

예쁨을 위해 예쁨을 추구하는 유별난 아주미지만 저는 저의 취향을 존중합니다. 성능과 효과는 물론 디자인 하나도 양보하고 싶지 않은 욕심이 '확실한 제품'을 안목을 갖게 해 줬다고 생각해요. 지난 1년 동안 홈케어로 관리를 하고 화장품을 연구하면서 얻은 저만의 제품 철학이랄까요.

집에서 피부관리를 하면서 관심이 부쩍 높아진 부분이 '클렌징' 관리입니다. 홈케어의 기본은 '클렌징'에서 시작하더라고요. 저의 클렌징은 메이크업을 지우는 메이크업 클렌징부터 물세안을 포함합니다.

우선 피부를 덮고 있는 두꺼운 화장을 전용 클렌저로 말끔이 닦아낸 다음 세안 전용 클렌저로 모공 속까지 말끔히 비워내는 딥클렌징을 해주는 거예요. 이렇게 말끔한 피부가 갖춰졌을 때 비로소 '바르는 관리'를 시작할 수 있습니다.

클렌징의 중요성을 깨닫고 보니 기초 화장품만큼 클렌징 제품도 여러 제품을 사용합니다. 그날의 피부 상태와 상황에 맞춤형으로 1차 클렌징을 하고 2차, 3차 클렌징을 해주는 거예요. 그래서 저는 각각의 상황에 따라 클렌징 밤, 클렌징 패드, 버블 클렌저 등을 번갈아서 사용합니다.

아침 세안은 가급적 자극이 덜한 버블 클렌저 세안으로 가볍게 마무리해요. 그리고 피부에 남은 잔여 노폐물은 곰돌이 닦토패드로 정돈합니다. 진한 화장을 한 날은 비브이비랩의 클렌징 밤으로 화장품을 녹여 닦아낸 뒤 아로셀 퓨어 클렌징 패드로 화장기를 한 번 더 닦아 냅니다. 확실한 메이크업 클렌징을 하고 나서 마시멜로우 클렌저로 2차 세안을 해주면 딥클렌징 한 효과를 얻을 수 있어요.

비브이비랩의 슈퍼클린 카밍 클렌징 밤은 최근 애용하고 있는 클렌징 아이템입니다. 클렌징 오일성분에 미세한 베이킹파우더와 솔트 스크럽이 함유되어 있어 메이크업 클렌징과 스크럽 관리 효과를 동시에 안겨주는 '촉촉한 클렌징 밤'입니다.

크리미한 제품을 스파츌러로 조금 덜어내 피부에 살살 롤링하며 마사지 해주면 진한 화장품도 정말 자극 없이 순하게 지워집니다. 오일 성분이 보습을 돕는 촉촉한 제품이라 1차 세안 후 2차 세안을 해도 피부가 당기거나 건조해지지 않아요. 그래서 저는 메이크업 클렌징은 물론 스크럽도 '카밍 클렌징 밤'을 사용하고 있습니다.

"여자의 행복을 찾는 '뷰티개미'는 지치지 않습니다"

작년 이맘 때 본격적으로 홈케어를 결심하고 화장품을 공부했습니다. 여러 회사의 다수 브랜드 제품을 직접 사용해 가며 화장품을 연구했어요. 화장품에 대한 전문지식이 전무한 상태에서 오로지 '경험에 의한 저의 식견' 하나를 믿고 시작한 일이에요.

그만큼 우여곡절도 많았고 안 맞는 제품을 만나 피부트러블로 고생도 참 많이 했습니다. 하지만 얻은 것도 많아요. 우선 '감추고 숨기는 화장'보다 '피부 본연의 건

강'을 우선으로 생각하게 됐어요. 그리고 '잘 바르는 것보다 잘 발리는 피부'를 만드는 관리의 중요성을 깨달은거죠.

비옥한 땅에서 식물이 잘 자라는 것처럼 화장품도 원만한 피부 환경이 갖춰졌을 때 제 효과를 냅니다. 화장품의 유효 성분을 잘 흡수해 피부가 좋아지면 자연스레 인상도 환해 집니다. 이렇게 홈케어로 얻은 효과는 여자의 젊음의 증거가 되고 자신감이 되어 일상을 풍요롭게 합니다.

나비의 작은 날개짓이 태풍을 일으킨다는 '나비효과'를 아시나요? 저는 여자의 젊음과 미모를 위한 노력도 작은 손짓 한 번에서 시작한다고 믿습니다. 영원히 아름다울 수 있는 권리는 꾸준한 관리의 댓가라는 사실을 잊지 마세요.

화장하는 아주미의 초간편 클렌징 '퀵 앤 클린!'

"주부의 일과는 휴일이 없습니다.
부지런한 일상 속에서 작은 꿈을 하나 더 실천할 뿐입니다"

엄마가 되고 우아한 일상을 잊고 지냅니다. 가끔 주어지는 자유시간이 너무도 귀한 주부라서 독하게 욕심을 내고 악착같이 관리하는 여자로 살고 있습니다.

아무리 바빠도 하루 30분은 피부에 양보하고 생활 속에서 수시로 피부관리를 반복하다 보니 홈케어가 습관이 됐습니다. 삼시세끼 끼니를 챙기듯 피부 수분을 챙기고 숨을 쉬듯 집중케어 루틴을 구상하는 자신을 발견합니다.

안색이 칙칙하고 어두운 날은 비타민C스틱을 먼저 떠올리고 중요한 일정이 있는 날은 타임앰플과 탱탱콜라팩에 저절로 손이 가는 제 모습이 이젠 무척 익숙한 풍경이 됐습니다.

마시멜로우 클렌저로 세안하고 곰돌이패드로 피부결과 모공을 정돈하기. 그 다음 타임앰플과 밀키크림을 순서대로 바르는 것이 평상시 저의 홈케어 루틴입니다. 피부가 칙칙한 부위는 비타민C스틱을 발라주고 집중관리가 필요할 때는 탱탱콜라팩으로 토탈케어를 하죠.

이렇게 약 반년에 걸쳐 저만의 기초스킨케어 루틴이 자리를 잡아가는 동안 화장품에 대해 많은 고민과 연구를 했던 것 같네요. 화장품은 좋은 원료와 성분배합, 탁월한 효과도 중요하죠. 하지만 함께 레이어드하는 제품간의 조합과 궁합도 무척 중요하다는 사실을 요즘들어 깨닫고 있는 중입니다.

지금까지의 홈케어 루틴에 부족한 부분은 없는지, 더 효과적인 관리효과를 안겨주는 화장품 조합과 사용법에 대해 고민을 계속 하는 40대 아주미의 마음을 아실까요?

요즘 저는 색조 화장품을 말끔히 지워주는 '메이크업 클렌징' 제품을 테스트하고 있습니다. 마스크 때문에 화장이 가벼워지고 있지만 중요한 행사나 모임이 있는 날은 자연스레 풀메이크업을 하게 되잖아요.

립스틱, 아이섀도우, 블러셔 등의 색조 화장품은 전용 메이크업 클렌저로 지우고 세안을 하는 것이 일반적인데요. 피곤한 날은 이 단계를 생략하는 분들도 적지 않으실 거예요.

저 역시 밤 늦게까지 일하고 돌아온 날은 화장을 지우는 과정이 무척 귀찮아서 대충 씻는 날이 많습니다. 이렇게 잠든 다음날은 어김없이 피부트러블이 생기고 얼굴이 푸석푸석해서 후회를 하곤 합니다.

짙은 화장은 '아로셀 퓨어 클렌징 패드'로 지웁니다. 저의 최애 아이템 중 하나인 곰돌이 닦토에 이어 아로셀이 새롭게 선보이는 메이크업 클렌징 전용 순면패드입니다. 저자극 약산성 클렌징 제품으로 일명 '순삭패드'라 불러요.

티트리잎, 병풀, 약모밀, 캐모마일꽃, 녹차 등 자연유래성분 추출물을 함유한 패드는 클렌징과 보습효과를 동시에 안겨 줍니다. 양면 패드의 플랫이 피부에 닿게 약 5~10초 정도 올려둔 다음 엠보싱면으로 쓱쓱 화장을 닦아내듯 지워주면 메이크업 제품이 자극 없이 부드럽게 지워집니다.

전 성분 EWG 그린 등급을 받은 제품으로 예민한 민감성 피부도 안심하고 사용할 수 있습니다. 또한 메이크업 클렌징과 동시에 피부 보습 및 진정, 결 정돈을 도와주기 때문에 피부장벽을 더 튼튼하고 윤택하게 가꿔줍니다.

그동안 애용해 온 '곰돌이 닦토패드'로 대신해 왔던 메이크업 리무버 기능을 완벽히 갖춘 클렌징 티슈라서 저는 이 제품을 '엄마 곰돌이 패드'라고 부릅니다. 엄마전용 곰돌이 클렌징 패드라는 의미인데요. 가끔 아이들 얼굴에 남은 선크림이나 비비

크림을 지워 줄 때도 요긴하게 사용하고 있습니다.

"저녁 메뉴는 푸짐할수록 좋고
홈케어는 간편할수록 좋다"

주부의 살림내공은 경험과 연륜이 중요하지만 여자의 홈케어는 경력을 따지지 않습니다. 오직 즉각적인 실천력과 식지 않는 관심 그리고 성실한 반복만이 존재할 뿐입니다.

얼굴로 드러나는 피부는 선명하게 세월을 말하지만 관리로 거듭난 피부의 변화는 나이 제한이 없습니다. 클렌징부터 메이크업까지 빈틈없는 홈케어로 자신을 사랑하는 모든 노력이 미모의 유통기한을 늘려줄 것입니다.

세월의 속도보다 더 부지런히 꿈을 꾸는 여자는 늙을 시간이 없습니다. 마음껏 소망하고 간절히 상상하며 독하게 관리할 때 여자는 더 아름답게 피어납니다. 모두 활짝 피어나세요.

광채피부의 초석 다지기, 초미세 입자 데일리 '스크럽'

"아름다움은 상대적이지만 피부 나이는 절대적입니다"

40대가 되고 보니 나이는 숫자에 불과하다는 생각을 자주 합니다. 뜻이 있는 곳에 길이 있고 저는 그 길에서 최선을 다해 살아가며 '당당한 여자'로 살아갈 꿈을 꿉니다.

하지만 나이는 먹어도 늙고 싶지는 않은 마음입니다. 몇 살을 먹어도 항상 젊고 예쁜 '여자'로 살고 싶네요.

홈케어의 맛을 알고 난 뒤 가장 달라진 부분이 클렌징 관리입니다. 피부에 쌓인 노폐물과 잔여물을 씻어내는 클렌징은 알면 알수록 더 욕심을 내게 되는 부분입니다. 블랙헤드나 화이트헤드를 비롯한 모공관리, 좁쌀여드름을 비롯한 각종 피부트러블 진정까지 세안이 결정적인 역할을 합니다.

클렌징만 잘 해도 피부는 눈에 띄게 좋아집니다. 각질과 노폐물이 쌓이면 피부는 쉽게 손상되고 회복이 느려집니다. 화장품을 발라도 제대로 흡수되지 못하고 모공 속 노폐물이 제대로 배출되지 못해요.

이런 상태에서 피부는 건조해지고 트러블을 유발하며 주름이 생기고 탄력이 떨어지기 쉽습니다. 따라서 매일 꼼꼼한 클렌징을 통해 피부 컨디션을 최적의 상태로 유지하는 것이 효과적입니다.

화장하는 여자의 피부는 자극 없이 확실한 클렌징이 필수예요. '화장을 지우지 않고 자는 것은 휴지통에 머리를 박고 자는 것과 같다'라는 말 아시나요? 때문에 저는 이중세안으로 피부청결을 지킵니다.

1차 세안은 무조건 '비브이비랩 슈퍼클린 카밍 클렌징 밤'으로 합니다. 클렌징 오일과 스크럽 제품이 하나로 합쳐진 올인원 클렌징 밤이예요. 오일 성분이 부드럽게 피부 노폐물과 화장품을 녹여 주고, 미세한 입자의 베이킹파우더와 솔트 성분이 스크럽 작용을 해 각질은 물론 모공 속까지 말끔하게 비워주는 기특한 제품입니다.

평상시 클렌징 밤으로 1차 세안을 하면 가벼운 스크럽 효과로 묵은 각질을 제거할 수 있어요. 알갱이가 거의 보이지 않는 초미세입자 베이킹파우더가 함유되어 있어 모공 속까지 말끔하게 비워줘요. 또한 클렌징 오일이 함유되어 있어 진한 메이크업을 지우는데도 탁월합니다.

메이크업을 지울 때도 클렌징 밤으로 1차 클렌징을 합니다. 그리고 아로셀 클렌징 패드로 한 번 더 피부에 남은 화장품을 닦아 냅니다. 그 다음 마시멜로우 클렌저로 물세안을 하고 아로셀 곰돌이 패드로 잔여 노폐물까지 닦아내면 정말 개운한 기분이 듭니다. 보습성분이 풍부한 저자극 클렌징 제품들이라 2중 세안을 해도 피부당김 없이 촉촉해서 2중, 3중 세안이 부담스럽지 않아요.

"나 자신을 1순위에 두세요.
남들 삶에 한눈 팔며 낭비하기에는 인생이 너무 짧아요"

아파본 사람이 아픈 사람의 마음을 안다고 하죠. 저는 타고나게 좋은 피부가 아니었어요. 사춘기에는 여드름으로 고생했고 20~30대 시절에도 피부과를 자주 찾았죠. 그래서 화장품에 관심이 많았고 30대 후반부터는 정말 열심히 관리하며 '피부젊음'을 지키기 위해 애써 왔습니다.

오랜 세월 동안 많은 화장품을 써봤고 좋다하는 관리는 한 번쯤 다 시도해 봤어요. 그리고 지금은 아로셀 홈케어로 관리하며 양쥐언니 피부 인생의 '클라이막스'를 경험하고 있어요.

세월은 어쩔 수 없지만 피부만큼은 노력으로 지킬 수 있다는 믿음으로 '홈케어'를 선택했습니다. 피부관리는 무엇보다 꾸준함이 중요하기 때문이죠. 고가의 시술이나 에스테틱 관리만큼 못지 않은 효과는 시간과 정성을 쏟은 만큼 나타납니다. 하루

20~30분만 투자해도 안색이 눈에 띄게 달라지는 것을 확인할 수 있죠.

가족을 챙기는 일이 주부의 첫번째 일과가 됩니다. 살림하고 일하는 엄마는 주변사람들까지 일일이 신경쓰다 보면 하루가 어떻게 지났는지도 모를 때가 많아요. 그러다 보면, 나 자신은 살피지 못하게 돼죠.

저는 그런 저 자신에게 '홈케어'와 '운동'으로 '휴식'과 '여가'를 선물합니다. 아무리 바빠도 하루 한 번은 나 자신과 오롯이 대화할 시간을 주고 싶었거든요. 엄마도, 주부도 결국 여자잖아요. 잠깐이라도 '여자'로서 나를 챙겨 주며 내일 더 좋은 엄마, 더 멋진 주부로 살아갈 기운을 얻습니다.

스스로를 격려하고 응원하는 '휴식'은 힘찬 내일로 이어지는 '선순환'으로 이어집니다. 마음껏 자신을 사랑해 주세요. 조금은 이기적으로 스스로를 아껴줄 수 있는 여자가 주변사람들까지 행복하게 만들어 줍니다.

하루 끝! 메이크업 클렌징으로 얻은 작은 '위로'

"아침부터 잠드는 순간까지 관리!
여자의 시간은 휴식이 없습니다"

주부의 하루는 이른 아침 시작됩니다. 아이들 학교 스케줄에 맞춰 아침식사를 준비하고 출근 준비를 합니다. 사무실에 도착하면 본격적으로 워킹맘의 일과가 시작됩니다.

저에게는 삶과도 같은 SNS로 상담을 하고 나머지 시간에는 제품 테스팅을 합니다. 여유가 생기면 헬스장에 가거나 홈트레이닝을 하고 간단히 팩관리를 하면서 틈틈이 휴식을 취합니다. 이렇게 시간을 쪼개가며 생활하다 보면 하루가 정말 빨리 끝납니다.

거의 대부분의 시간을 집과 사무실에서 보내기 때문에 외출 준비에 많은 공을 들이는 편은 아닙니다. 벌써 10년 넘게 주부로 살아온 40대 아주미는 겉치레보다는 편안함을, 형식보다는 실속을 더 좋아해요. 그래서 특별한 일정이 없는 날은 가볍게 바르고 활동하기 편한 차림을 선택합니다.

가끔씩 특별한 에너지가 필요한 날은 풀 메이크업을 합니다. 저에게 메이크업은 전장에 나서는 장수의 갑옷과 같은 의미인 것 같아요. 여자로서 예쁘게 화장하고 꾸미는 일은 무척 기분 좋은 자극이 됩니다. 외모에 자신감이 생긴만큼 말투나 걸음걸이부터가 달라지는 변화가 '새로운 에너지'를 안겨 줍니다.

이렇게 얻은 에너지로 열정적인 하루를 또 살아 갑니다. 좀 더 적극적인 자세로 밝고 유쾌하게 일상을 맞이합니다. 하지만 하루를 마무리하고 집에 돌아오면 하루 동안 쌓인 피로가 한꺼번에 몰려와 귀차니즘에 빠지고 맙니다.

퇴근 후 녹초가 되어 집에 돌아오면 몸이 저절로 소파로 향합니다. 소파 위에 축 늘어지는 행복을 아실까요? 종일 몸에 쌓인 긴장이 풀리면서 솔솔 잠이 쏟아지는

기분은 정말 달콤하죠. 이렇게 잠깐 동안 꿀 같은 휴식에 취해 있다보면 "누가 나 대신 화장 좀 지워줬음 좋겠다"라는 생각이 저절로 들어요.

피부 건강을 위해서는 클렌징이 필수라는 것을 알면서도 조금 더 쉬고 싶은 마음. 게을러지고 싶은 마음 앞에서 늘 내적 갈등을 하는 아주미에게 메이크업 클렌징보다 귀찮은 일도 없는 것 같아요. 이런 제가 요즘은 화장을 지우는 시간이 무척 즐거워졌습니다. 이젠 누워서도 말끔하게 화장을 지울 수 있게 됐거든요.

저는 아로셀 퓨어 클렌징 패드로 화장을 지웁니다. 오일이나 크림, 밤으로 제작된 클렌저와 달리 흐르거나 묻어날 염려가 없기 때문에 누워서도 진한 화장을 지울 수 있어요. 저처럼 메이크업 클렌징이 귀찮은 아주미에게는 무척 반가운 제품이 아닐 수 없겠죠?

손바닥 모양으로 만들어진 순면 소재의 양면패드에는 클렌징과 보습을 동시해 해결해 주는 자연유래성분의 클렌저가 듬뿍 함유되어 있습니다. 티트리잎추출물, 병풀추출물, 약모밀(여성초)추출물, 캐모마일꽃추출물, 녹차추출물, 티트리잎오일 등의 착한 성분을 담고 있어 피부가 민감한 날도 안심하고 사용합니다.

화해 20가지 주의성분을 무첨가한 EWG 그린 등급 제품이지만 클렌징 효과는 정말 탁월합니다. 눈이나 입술에 남은 색조화장품까지 말끔하게 지워져요. 또한 천연 성분이 보습, 진정, 피지조절에도 도움을 주기 때문에 마스크와 메이크업으로 예민해진 피부와 최상의 궁합이라고 할 수 있어요.

"여자의 시간은 주어지는 것이 아니라
노력해서 만드는 것입니다"

스킨케어는 바르는 것보다 잘 비우는 데서 시작한다고 합니다. 그런 의미에서 외모를 돋보이게 해주는 메이크업은 피부 표현만큼 클렌징도 중요한 것 같아요. 기초 스킨케어가 화장이 잘 먹는 피부 환경을 만들기 위한 노력이라면 메이크업 클렌징은 건강한 피부 관리를 위한 노력이 아닐까 합니다.

알고 있는 것과 행동하는 것은 엄연히 달라요. 건강한 피부 관리의 기본이 꼼꼼한 클렌징과 착실한 기초스킨케어라는 사실은 너무 잘 알고 있잖아요. 하지만 막상 실천하기란 쉽지 않습니다. 그래서 홈케어 제품을 고민할 때 제품력과 효과만큼 중요하게 살피는 것이 쉽고 간편한 사용법인 것 같습니다.

기초부터 메이크업 제품까지 오랜 세월 화장품을 사서 발라온 입장에서 저의 홈케어 철학은 '실용성'이 우선합니다. 아무리 좋은 화장품도 결국 '누가, 어떻게 쓰느냐'에 따라 효과가 달라진다는 것을 알았고 결국 더 자주 손이 가는 제품이 피부를 변화시킬 수 있다는 것을 깨달았거든요.

그래서 오늘은 녹초가 된 저의 피부를 지켜주는 메이크업 클렌징을 이야기했습니다. 누군가 대신해 줄 수는 없어도 그 마음을 알아주는 친구가 있다는 자체가 힘이 될 때가 있잖아요. 고단한 일상에 작은 위로가 되어주는 홈케어를 고민하며 연구하는 양쥐언니였습니다. ♡

'숨결'까지 향기로운 여자, 구강청결 관리 노하우

"그윽한 향기를 지닌 아름다운 여자로 기억되길 소망합니다"

헬스와 뷰티로 소통하는 뷰티 인플루언서로 제3의 인생을 살고 있습니다. '양쥐언니'는 인생의 반전이자 또 다른 삶의 시작이기도 합니다. 평범한 주부로 살아온 저에게 SNS는 새로운 도전이자 모험이었습니다.

두 아이 육아와 살림이 일상이었고 틈틈이 친구들을 만나는 것이 유일한 낙이었던 저였어요. 음대 졸업 후 직장생활을 잠시 했지만 결혼을 하고 시작된 '집순이 주부'의 일상에 익숙해져 있었어요.

둘째를 출산하고 살이 찌면서 우울감에 빠지기도 했고 주변에 잘 관리하는 친구들을 보면 부러운 마음이 들기도 했네요. 그러다 30대 후반에 다이어트를 결심하게 됐고 SNS에 저의 다이어트 일상을 기록하며 세상과 소통을 시작했습니다.

많은 분들의 공감과 응원 속에서 무사히 8kg 감량에 성공했고 여자로서의 자신감도 되찾았습니다. 노력하면 예뻐질 수 있다는 믿음으로 홈트레이닝과 홈케어를 연구하며 벌써 40대에 접어 들었네요.

성격이 내성적이라 집 밖에 몰랐던 제가 인친들과 스스럼 없이 제 이야기를 나누고 조금씩 활동반경이 넓어지면서 많은 분들을 만나며 지냅니다. 저를 알아봐 주시는 분들이 조금씩 생겨나고 외출할 일이 늘면서 자연스럽게 제 모습에도 더 신경을 쓰게 됐습니다.

옷차림부터 화장, 표정과 행동 하나하나에 관심을 갖게 되고 이왕이면 더 밝고 긍정적인 모습을 보여드리고 싶은 욕심이 앞섰습니다. 동안피부와 날씬한 몸매를 잃지 않기 위해 더 부지런히 관리하는 일상은 기본이고요. 몸의 체취나 치아 상태처럼 작고 사소한 부분까지 살피는 여성스러움까지 되찾아 가는 중입니다.

“주부로 살며 잊었던 여자를 되찾아가는 여정이 곧 행복입니다”

예로부터 ‘희고 가지런한 치아’는 미인이 갖춰야할 덕목으로 소개되어 왔습니다. 치열이 고르지 못 하거나 검게 썩고 누렇게 착색된 치아는 말끔치 못한 인상을 주기 때문인 것 같아요.

저를 설레게 했던 헐리우드 배우들의 건치미소가 그 증거가 아닐까 싶네요. 환한 미소 사이로 드러난 하얗고 가지런한 치열을 보면 왠지 건강하고 젊은 에너지가 느껴지잖아요. 상쾌한 민트향이 날 것 같은 그 미소에 가슴 설레며 보낸 20대 시절이 새록새록합니다.

저도 중요한 날은 치아의 위생과 구강청결상태를 점검하게 됩니다. 상한 치아는 없는지 입냄새가 심하지 않은지 한 번 더 체크합니다. 또한 치아 건강을 위해 식후 양치질은 무조건 실천하며 ‘건강한 치아’를 오래 지키려고 애쓰고 있습니다.

치아 건강의 기본은 ‘올바른 양치질’이라고 해요. 치과에서 많이 들어 보셨죠? 그래서 저는 아침, 저녁 그리고 식후에는 무조건 3분 이상 양치질을 하라고 권해 드리고 있어요. 윗니는 위에서 아래로, 아랫니는 아래서 위로 쓸어내듯 닦아주며 치아사이에 음식물을 말끔히 제거하는 것이 ‘포.인.트’입니다.

그리고 치약도 가급적 구강건강에 유익한 고급제품을 사용합니다. 불소의 유해성이 논란이 되면서 요즘은 천연 성분 치약을 찾는 분들이 많다고 하죠. 저도 두 아이를 키우는 엄마인 탓에 집에서 사용하는 치약만큼은 믿을 수 있는 성분과 효과를 지닌 제품을 엄선해 쓰고 있습니다.

제가 선택한 치약은 ‘아로셀 큐치약’입니다. 불소나 화학성분을 첨가하지 않은 천연유래성분 100% 치약이라 안심할 수 있어요. 서울대 치과대학의 ‘쿼럼센싱’ 기술을 이용해 개발한 '바이오틱스 치약'인 만큼 불소 없이도 치아를 희고 튼튼하게 관리해준다고 합니다.

치약에 함유된 유효성분이 구강 내 유해균은 억제하고 유익균은 활성화시켜 줍니다. 이는 충치 및 잇몸질환 예방, 치아미백, 입냄새 제거에 탁월한 효과가 있어요. 또한 양치를 한 뒤에 상쾌한 향기와 개운함이 오래 지속되기 때문에 구취로 인한 스트레스도 경감되는 효과가 있습니다.

"후각으로 기억되는 아름다움을 실천합니다"

마스크 착용이 일상화되면서 '내 입냄새'로 고통받은 경험이 한 번쯤 있지 않나요? 매일 아침을 지독한 구취와 함께 맞이하는 불쾌한 일상은 조금 바뀌어도 좋을 것 같습니다.

냄새를 느끼는 '후각'은 미각 다음으로 가장 오랫동안 기억에 남는 감각이라고 합니다. 저는 향기까지 아름다운 여자로 기억되고 싶습니다. '아름답게 나이드는 여자'를 꿈꾸는 만큼 향기도 저 자신의 일부라고 생각해요.

'건강과 미모는 물론 그윽하고 상쾌한 향기로 기억되는 여자'. 이 짤막한 표현 안에는 꾸준한 관리와 노력이 뒤따른다는 것을 잘 알고 있습니다. 그래서 매일 더 부지런히 일하고 열심히 꿈꾸며 뷰티 다이어리를 기록합니다.

내면과 외면의 아름다움이 조화를 이룰 때 인생은 핑크빛이 됩니다. 현실주부의 일상 속에서 나를 찾아가는 여자의 시간을 오늘도 함께 해주셔서 고맙습니다. 언제나 '예쁨'이 함께 하는 하루가 되시길 바랍니다.

"입냅새 싹~" 건치 관리 '치약' 선택도 중요

"엄마는 가족의 건강을 키우고
여자는 영원한 아름다움을 꿈꿉니다.
그리고 여자로 사는 주부는 건강한 젊음을 관리합니다"

평균 수명이 길어지고 있습니다. 요즘은 '얼마나 사느냐'보다 '어떻게 사느냐'가 더 중요해지는 것 같습니다. 의료기술의 진화로 누구나 오래 살 수는 있지만 '젊고 건강한 삶'이 누구에게나 주어지는 것은 아니기 때문입니다.

예전에 비해 금연과 금주를 장려하는 분위기가 고조되고 있고 운동으로 몸매와 건강을 챙기는 '자기관리'가 대중화하는 추세입니다. 또한 영양제를 섭취하며 시력이나 뼈·관절 건강 등 노년기 질환 예방함은 물론 정기적인 건강검진을 통해 수시로 몸상태를 점검하기도 합니다.

마흔을 넘긴 저도 운동과 홈케어로 외모를 관리하고 규칙적인 식사와 클린한 식단으로 건강을 챙기고 있습니다. 그뿐인가요? 평생의 먹는 즐거움을 지키기 위해 치아관리까지 최선을 다하는 '먹쥐언니'이기도 합니다.

구강 내 청결은 치아의 건강과 직결된 부분입니다. 입안에 유해세균이 증식하기 좋은 환경이 조성되면 심한 입냄새와 함께 충치가 생기기 쉬워요. 나이가 들수록 심해지는 구취와 치아부식도 잘못된 치아관리 습관이 원인인 경우가 많습니다.

쾌적한 구강 상태를 위해서는 식후 양치질이 필수라 할 수 있습니다. 가급적 올바른 양치질을 습관화하려고 애쓰는 주부 중 한 사람입니다.

칫솔질은 윗니와 아랫니의 결을 따라 쓸어내듯 닦으며 치아 사이에 낀 음식물을 말끔히 제거해 줘야 합니다. 하루 3번, 식후 3분 이내, 3분 양치를 뜻하는 '333법칙'을 최대한 준수하고 있네요.

저는 저 자신과 아이들의 구강 청결과 치아 건강을 위해서 치약 선택에도 신중을 기하는 편입니다. 입안 점막 및 치아에 수시로 닿는 세정제인만큼 이왕이면 안전한 성분으로 제조한 치약인지 확인하게 되더라고요.

요즘은 치약도 천연성분으로 고급화하는 추세라 선택의 폭이 더욱 넓어졌습니다. 몇 년 전부터는 불소성분의 유해성이 논란이 되면서 자녀를 둔 주부들 사이에서 무불소 치약이 큰 사랑을 받고 있다고 해요. 두 아이의 엄마인 저도 안심할 수 있는 자연유래성분으로 제조한 유해성분 무첨가, 무불소 치약을 사용하고 있습니다.

아로셀 큐치약은 서울대 치대의 쿼럼센싱 기술로 탄생한 바이오틱스 치약입니다. 일반 치약에 함유된 유해성분인 합성계면활성제, 인공 방부제, 과산화수소, 불소 등을 함유하지 않은 100% 자연성분을 자랑합니다. 이는 첨단 생명 과학 기술인 '포스트 바이오틱스' 덕뿐인데요. 구강 내 유해균은 억제하고 유익균을 활성화시켜 건강한 구강 생태계를 만들어 준다고 합니다.

실제로 큐치약을 사용하고 난 뒤에는 장시간 입안에 상쾌함이 유지됨은 물론 입냄새가 개선되는 효과를 느낄 수 있습니다. 안전하고 순한 세정성분을 엄선해 사용한 만큼 양치 후에 과일이나 주스를 마셔도 떫고 쓴맛이 나지 않는 것도 장점 중 하나입니다.

단연 눈에 띄는 장점은 불소를 함유하지 않은 고급치약이라는 점입니다. 시중에 알려진 고급 건강치약 중에도 불소를 다량 함유한 제품이 많습니다.

불소의 인체 유해성에 대한 논쟁은 아직도 뜨거운데요. 사실 불소는 충치예방에 효과적인만큼 치아 관리에 널리 쓰이는 성분입니다. 일부에서는 치약에 소량 함유된 불소가 건강에 큰 영향을 미치지 않는다는 연구결과를 발표하기도 했죠.

하지만 작은 것 하나도 예민할 수 밖에 없는 '주부'의 마음은 다른 것 같습니다. 구강 내 점막은 얇고 흡수력이 뛰어난 부위인만큼 이를 닦는 동안 불소의 독성성분이 자연스럽게 인체로 유입될 수 있다고 생각하니 마음이 놓이질 않더라고요.

"엄마는 강하다.
그러나 살림하는 아줌마는 더 강하다"

주부로 살면서 생활에 관련해서 만큼은 무척 까탈스럽고 예민한 소비자가 됐습니다. 나 뿐만 아니라 내 가족이 함께 먹고 쓰고 입는 제품이라고 생각하면 작은 것 하나도 가볍게 여겨지지 않죠.

아내이자 엄마로서 지닌 사명감과 책임감인 것 같아요. 늘 나 자신을 먼저 사랑하고 아껴주자고 다짐을 하는 40대 아줌마지만 아이들의 건강에 직결되는 문제만큼은 절대 양보할 수가 없는 것이 주부의 마음인 것 같습니다.

더구나 치아는 한 번 가지고 태어난 것을 평생 사용해야 하는 만큼 어릴 때 엄마의 관리가 무척 중요하다고 생각합니다. 우리 아이들의 건강과 저의 10년 후, 20년 후 노후를 위해서라도 더 까다로운 주부가 될 생각입니다.

오늘은 '두 아이의 엄마'로 찾아온 아이돌맘 양쥐언니의 뷰티일기장이었습니다. 희고 건강한 치아로 미소까지 아름다운 꽃줌마로 함께 하겠습니다. 하얀 이로 행복하세요.

16년 차 주부의 가정생활건강 Tip "건치가족을 위하여!"

"주부에게 가족의 건강과 행복보다 소중한 것은 없습니다"

인생에 가장 소중한 재산은 '시간'이라고 합니다. 저에게 시간만큼 귀한 보물을 꼽으라면 당연히 '가족'이라고 말씀드릴 것 같아요. 일이 바빠서 삼시세끼 따뜻한 집밥을 챙겨 줄 수는 없지만 먹고 입고 쓰는 것만큼은 최대한 좋은 것만 주고 싶은 '고슴도치엄마'라고 해야 할까요?

일상 중 가장 많이 하는 잔소리가 "씻고 이 닦고 자"인 것 같아요. 저도 어릴 때는 씻으라는 엄마 잔소리가 참 듣기 싫었는데요. 엄마 마음은 그렇지 않죠. 아무리 힘들어도 내 아이 얼굴과 손발은 씻어줘야 안심이 됩니다.

특히 치아건강을 위해 양치질은 세심히 관리합니다. 튼튼한 치아를 오복(五福) 중 하나로 꼽잖아요. 음식물을 찢고 잘게 부수는 치아는 음식의 소화와 흡수에 꼭 필요한 소화기관 중 하나예요. 치아의 건강상태가 평생의 먹는 즐거움을 좌우한다고 봐도 과언이 아니죠.

사실 7세 전후로 얻은 영구치를 평생 건강하게 유지하기란 쉽지 않습니다. 탄산음료나 자극적인 음식에 쉽게 착색과 부식이 발생하고 조금만 방심해도 충치가 생길 수 있어요. 더구나 한 번 썩기 시작하면 원상태로 되돌릴 수 없기 때문에 어려서부터 잘 관리해야 합니다.

저는 저희 가족들의 치아건강을 위해 아침, 점심, 저녁 식사 후 그리고 잠들기 전에 양치질을 꼭 지키려고 노력합니다. 또한 치약도 성분을 꼼꼼히 따져서 선택하는 편입니다. 입안에 직접 사용하는 세정제인만큼 인체에 유해한 성분이 함유된 제품은 삼가고 싶더라고요.

얇은 구강 내 점막의 특성상 유해성분이 인체에 흡수될 수 있고 유해물질이 오히려 구강 내 환경을 악화시킬 수 있기 때문이에요. 치아가 약해지기 시작하는 중년아주미인 저도 그렇지만 신체 저항력이 약한 아이들은 화학성분에 더 취약하잖아요.

가습기 살균제 성분으로 알려진 메칠클로로이소치아졸리논(CMIT)과 메칠이소티아졸리논(MIT)을 비롯해 파라벤, 트리클로산, 불소 등의 화학성분은 치약에 함유된 대표적인 화학성분인데요. 이런 성분의 유해성이 알려지면서 '천연성분치약', '안전한 치약'이 주목받고 있습니다.

아로셀 큐치약은 100% 자연성분으로 만든 안전한 치약입니다. 일반 치약에 함유된 합성계면활성제, 방부제, 과산화수소, 불소 등의 화학성분을 무첨가한 '천연원료 치약'이라고 할 수 있어요. 뿐만 아니라 불소 성분도 함유하지 않았습니다.

사실 불소는 충치를 예방해 주는 효과가 뛰어나 치약에 많이 쓰이는 성분인데요. 과량을 섭취할 경우 인체에 여러 건강상의 문제를 유발할 수 있다고 알려져 있습니다. 때문에 치약을 삼키기 쉬운 6세 이하의 아이를 둔 엄마들은 불소 무첨가 치약을 많이 선호하시는 것 같아요.

"안전이 곧 건강이고 안심이 곧 행복이다.
튼튼한 치아가 건강한 인생을 책임진다"

아로셀 큐치약은 '불소 없이'도 건강하고 쾌적한 구강환경을 가꿔줍니다. 서울대 치대 의료진 및 연구진이 독자적으로 개발한 '쿼럼센싱 기술' 덕뿐인데요. 최신 기술을 접목해 개발된 치약은 불소 및 합성 계면활성제를 전혀 첨가하지 않았지만 효과는 확실합니다.

입냄새 관리, 치태제거, 충치예방은 물론 미백효과까지 뛰어나 치아를 건강하고 아름답게 관리해 줍니다. 또한 양치 후 은은한 개운함이 오랫동안 지속되어 상쾌한 기분으로 생활할 수 있어요.

마스크 착용이 일상화 되면서 자기 입냄새로 고생하시는 분들도 많을 텐데요. 입냄새의 원인은 구강내 번식하는 세균과 미생물이라는 사실 아시죠? 이제는 양치로 입 안의 생태계 환경을 바꾸고 치아 건강은 물론 향긋한 입냄새까지 얻을 수 있다니 참 반가운 소식이죠.

희고 고운 치아가 가지런히 드러난 미소는 언제 보아도 아름답습니다. 주부의 마음으로 가족의 치아 건강을 숙고하면서도 미소가 예쁜 여자를 꿈꾸는 '꽃줌마' 양쥐언니의 작은 고백이었습니다.

스마트 홈뷰티, 진한 화장까지 패드로 '순삭!'

"오늘보다 내일이
더 예쁜 피부로 여자를 말합니다"

'정말 열심히 사시네요' SNS를 통해 자주 듣는 격려의 메시지입니다. 이런 칭찬 앞에서는 왠지 쑥스럽고 부끄러워집니다. 그리고 겸손한 마음이 되어 더 좋은 모습으로 착실히 살아야겠단 생각이 듭니다.

16년 차 남매맘인 저는 현실주부의 삶을 잘 알고 있습니다. 말그대로 '평범한' 주부인데도 삶은 결코 호락호락 하지 않아요. 똑같은 일상을 끊임없는 반복하는 자체가 쉽지 않은 일이고 의외로 많은 외로움을 견뎌야 하는 자리가 '휴일 없는 엄마의 삶'이잖아요.

저의 삶이지만 여자라면 누구나 한 번쯤 경험해 본 일들이 대부분이고 모든 분들이 주어진 삶에 최선을 다하고 있음을 잘 알아요. 그래서 저보다 더 열심히 살고 계신 분들이 동병상련의 마음으로 나눠 주시는 '격려'와 '응원'이라고 생각하며 감사하고 또 감사하며 지냅니다.

결혼과 출산 후 집 밖에 몰랐던 '집순이 아줌마'로 10년 가까운 시간을 살았습니다. 주어진 현실을 착실히 살다보니 저 자신을 가꾸고 돌 볼 생각은 아예 가져 보지도 못한 주부였어요. 살이 붙고 피부가 거칠어지는 것을 보며 서글픈 생각이 들긴 했지만 피할 수 없는 현실의 삶이라고 여겼던 적도 있었어요.

그랬던 제 생활에 변화가 생긴 것은 8kg 감량에 성공하면서부터 입니다. 건강하고 아름다워지고 싶어서 하나씩 욕심을 낼수록 꿈은 현실에 가까워진다는 것을 느끼고 있어요. 홈트레이닝과 식단관리, 홈케어가 고작이지만 이런 노력이 속에서 얻어지는 '변화'를 통해 또 다른 삶의 기쁨을 알아가는 중입니다.

"탄탄한 기초 관리가 흔들림 없는 젊음을 약속합니다"

40대에 접어 들면서 본격적으로 피부관리를 시작했습니다. 제 피부의 문제점을 진단하고 피부고민에 적합한 기능과 성능을 지닌 홈케어 제품을 찾는데 몇 달을 보냈습니다. 그렇게 시작된 저의 홈케어는 기초스킨케어에서 시작해 이제는 미백, 탄력, 주름 등의 기능성 케어와 기초 메이크업까지 영역을 넓혀가고 있네요.

홈케어는 매일 반복하는 습관이 가장 중요해요. 그래서 화장품을 고를 때 부담없는 가격까지 고민하며 차곡차곡 저만의 홈케어 루틴을 만들어 가고 있습니다. 각각의 피부 타입과 그날 그날의 피부 상태, 나이와 피부 고민에 따라 홈케어 순서와 절차는 조금씩 달라집니다. 하지만 꼼꼼한 클렌징과 보습은 바뀌지 않는 '불변의 법칙'으로 통합니다.

특히 진한 화장을 한 날은 꼭 메이크업을 지우고 세안을 합니다. 고온다습한 날씨 탓에 베이스메이크업이 가벼워지면서 눈과 입술에 색조화장품을 자주 사용하게 되잖아요. 또한 마스크에 묻어나지 않는 고밀착 메이크업 아이템이 많아지고 있어 클렌징에 조금 더 정성을 기울이고 있습니다.

메이크업 클렌징은 세안을 위한 '0단계 관리'라고 할 수 있습니다. 메이크업 제품은 세안 전 단계에서 전용 리무버나 오일로 녹인 후 닦아내는 것이 일반적입니다. 클렌징 절차가 한 단계 늘어나는만큼 메이크업 클렌징을 번거롭게 느끼시는 분들이 많아요.

저도 화장을 지우는 것이 너무 귀찮은 아주미 중 한 사람이에요. 그래서 저는 화장을 클렌징 패드로 지웁니다. 아로셀 퓨어 클렌징 패드는 진한 화장도 쉽고 간단하게 지울 수 있습니다. 손바닥 모양의 순면 패드는 저자극 약산성 클렌징 제품으로 피부에 자극없이 깨끗하게 화장품을 제거해 줍니다.

아로셀의 '순삭패드'는 클렌징과 보습을 한 번에 할 수 있는 제품입니다. 티트리잎, 병풀추, 약모밀(여성초), 캐모마일꽃, 녹차 등의 주요 성분들은 EWG 그린 등급을 받은 원료로 피부에 순하고 안전합니다. 또한 화해 20가지 성분을 배제한 제품이라 안심하고 사용할 수 있습니다.

무엇보다 피부에 직접 손을 대지 않고도 화장을 지울 수 있기 때문에 관리가 간편하고 피부 손상을 최소화 할 수 있어서 좋아요. 닦토로 피부결을 정돈하듯이 살살 닦아내면 색조메이크업까지 싹 지워지니까 클렌징하는 시간이 짧고 간단해졌습니다.

홈케어는 '잘'하는 것만큼 꾸준히 반복하는 것이 정말 중요합니다. 그래서 저는 좋은 원료와 뛰어난 효과는 물론 합리적인 가격과 쉬운 사용법까지 두루 갖춘 홈케어 화장품을 선호합니다. 따로 시간과 비용을 들여서 관리하는 대신 쉽고 빠르게 스킨케어 효과를 얻는 것. 일상 중 수시로 쓰고 바르는 화장품 하나로 피부를 건강하게 회복시키는 관리가 '스마트한 홈뷰티'가 아닐까요?

바쁜 일상에 홈케어가 휴식이 될 수 있었으면 합니다. 나를 위한 관리가 가볍고 즐거운 일상의 일부가 되어야 롱런하는 홈뷰티가 완성된다고 생각해요. 그래서 더 쉽게 관리하고 더 확실한 효과를 안겨주는 화장품을 연구합니다.

건강과 젊음으로 100세 시대의 행복을 찾는 40대 주부 양쥐언니의 뷰티일기장에 더 많은 '예쁨'이 기록되길 기도하며 저는 이만 물러갑니다.

"놀면 뭐해?" 꽃줌마의 홈캉스! 페이스 관리 위한 뷰티 꿀템

"일상의 평범 속에서 최상의 젊음을 관리합니다"

코로나19 여파로 집콕족이 늘고 있습니다. 집순이를 자처하는 주부인 저도 올해는 '홈캉스'로 휴가를 보냈어요. 이런 시기에는 집에서 먹고 쉬는 것이 최고의 힐링이 아닐까 싶습니다.

홈캉스라고 해 봐야 두 남매와 지지고 볶는 일상의 연속이지만 기분은 다르죠. 이런 휴가만큼은 더 확실히 저만을 위한 힐링의 시간을 가지려고 합니다. 피부에도 진정한 휴식이 되겠죠?

장마철은 습도가 높아지면서 음식의 부패와 세균 번식이 쉬워요. 때문에 식중독이나 장염, 피부염 등 각종 세균성 질환에 노출될 위험도가 높아집니다. 뿐만 아니라 땀과 노폐물 분비량이 증가하는만큼 피부도 예민해져서 평소보다 더 세심한 관리가 필요합니다.

그래서 이번 휴가기간에는 충분한 휴식을 취하면서 집중관리를 해볼까 합니다. 진정과 재생 관리로 피부장벽을 강화시키고 동시에 무너진 턱선과 얼굴형까지 날렵하고 갸름하게 만드는 '페이스 관리'에 도전하려고 해요. 피부는 물론 얼굴의 V라인까지 직접 가꿀 수 있어야 진정한 홈 에스테틱이 실현된다고 생각합니다.

첨단 바이오 과학기술의 발달로 이젠 집에서도 피부의 젊음과 건강을 지킬 수 있게 됐습니다. 의료·제약에 한정된 기술을 화장품에 접목한 '코스메슈티컬' 화장품의 등장 덕분입니다. 전문 병원이나 피부과에서만 시술 받을 수 있었던 유효성분을 이젠 집에서 화장품으로 사용할 수 있습니다.

피부의 모공, 탄력, 주름, 안색개선은 물론 처지고 무너진 턱선도 홈케어로 관리가 가능한 시대예요. 제가 사용 중인 '아로셀 보토기 V라인 마스크'도 코스메슈티컬 화장품 중 하나예요. 자체 개발한 텐션원단에 피부투과형 보툴리눔 성분과 포스파티

딜콜린(PPC) 등의 유효성분을 가미한 기능성 마스크입니다.

보톡스의 주요성분인 보툴리눔 톡신을 피부 투과형 화장품으로 만들어낸 특허기술로 이제는 주사기 없이도 팽팽한 피부를 가꿀 수 있게 됐어요. 또한 지방분해주사 성분 중 하나인 PPC도 함유되어 있어 슬리밍 효과도 기대할 수 있는 기특한 홈 뷰티 아이템이에요.

특수개발된 텐션원단이 팽팽한 탄력을 잡아주는 마스크는 탱글탱글하고 시원한 사용감을 지니고 있습니다. 장시간 촉촉한 쿨링감이 유지되기 때문에 집에서 착용하고 생활하거나 잘 때 슬리밍팩 용도로 안성맞춤입니다.

저는 주로 잘 때 사용하는데요. 다음날 아침 붓기 없이 매끈한 V라인 얼굴을 만날 수 있어 만족도가 높습니다. 중요한 약속이 있는 날은 전날 밤 꼭 사용하고 집에서 지내는 날은 낮에도 V라인 마스크로 얼굴 윤곽을 잡아 줍니다. 오래 쓰고 있어도 귀 뒤가 당기거나 아프지 않아요.

"잔잔한 휴식 속에서도 피부의 젊음은 부지런히 피어납니다"

이 시대의 홈케어는 단순하지 않습니다. 오로지 씻고 바르는 스킨케어만 기대하기에는 효과 좋은 기능성 제품이 너무 많이 소개되고 있네요. 생명과학기술의 눈부신 발전이 일궈낸 성과를 이제는 집에서도 마음껏 누릴 수 있으니 참 좋은 세상을 살고 있다는 생각이 드네요.

유래 없는 재난상황에 모두가 혼란스러운 요즘이죠. 몸도 마음도 지치기 쉬운 시기인만큼 자기관리가 더 중요해지고 있어요. 급할 수록 돌아가라는 말도 있잖아요. 적절한 휴식과 안정을 통해 나 자신의 내면부터 단단히 다져야 할 때 인 것 같습니다.

강인한 정신과 긍정적인 마인드로 마음의 여유를 되찾을 수 있을 때, 주변도 잘 돌볼 수 있어요. 현실의 시련을 견디며 열심히 달려온 만큼, 이번 휴가시즌에는 몸도 마음도 릴렉스 할 수 있길 바랍니다. 오늘의 휴식은 내일 한 발짝 더 도약하기 위한 재충전의 시간이 될거에요.

바쁜 일상은 잠시 잊고 마스크팩을 하며 달콤한 낮잠을 즐겨보는 것도 좋겠죠? 휴가가 따로 있나요. 언제, 어디서든 잔잔한 마음의 평화와 휴식을 얻을 수 있다면 그 자체가 힐링이고 휴식이라고 말씀드리고 싶은 양쥐언니였습니다.

여자, 보습의 여왕 스쿠알란에 빠지다

"좋은 피부는 여자의 얼굴 나이를 보장합니다"

우리는 왜 피부의 '광채'에 집착할까요? 분주한 아침, 출근 준비를 하다보면 얼굴이 화사해서 기분 좋은 날이 있습니다. 이런 날은 화장도 잘 받아요. 화장이 들뜸 없이 잘 됐는지 확인하는 가장 쉬운 방법은 바로 얼굴의 '광채'입니다.

이마와 광대, 턱과 콧날에 은은하게 빛이 나는 피부 '광'은 피부가 건강하다는 좋은 지표가 됩니다. 진짜 광채는 U존과 T존이 번들대는 유분감과 전혀 달라요. 어느 각도에서든 과도함 없이 자연스럽게 빛을 내며 얼굴에 생기를 돋보이게 해주죠.

여자는 30대 중반 이후부터 피부노화가 급속도로 진행됩니다. 미세했던 주름이 진하게 자리를 잡아가고 조금만 피곤해도 피부가 푸석하고 칙칙해집니다. 이런 노화를 유발하는 첫 번째 원인이 바로 '수분'입니다. 피부 속 유·수분 밸런스가 무너지면 신진대사 기능도 함께 떨어져 피부세포의 회복과 재생이 느려져요.

때문에 수시로 물을 마셔 체내 수분을 보충해주고 스킨케어 마지막 단계는 꼭 수분크림으로 마무리를 합니다. 특히 화장품은 피부 깊은 곳의 속건조까지 잡아주는 제품을 엄선합니다. 특히 찬바람과 건조한 공기, 히터 바람이 피부를 자극하는 가을부터 봄까지는 더욱 보습에 신경을 쏟아요.

저는 보습과 노화예방을 위해서 '아로셀 곰돌이 닦토'와 '밀키크림' 그리고 '비브이비랩의 스쿠알란 세럼스틱70' 조합을 적극 활용합니다.

약산성 토너로 피부결을 정돈하면서 1차로 수분을 공급한 다음 동키밀크를 함유한 밀키크림으로 속건조를 잡아 주면 한나절 이상 수분감이 유지됩니다. 그리고 일상 중에는 수시로 스쿠알란 스틱을 발라 줍니다. 눈가와 입가 등 건조한 부위에 스쿠알란스틱을 발라 주면 종일 피부가 메마를 틈이 없어요.

비브이비랩 스쿠알란스틱은 '보습의 여왕'이라 불리는 식물성 스쿠알란을 70% 함유한 국내 최소의 세럼스틱입니다. 보습의 여왕이라 불리는 스쿠알란과 잉카 오메가 오일을 함유한 피부친화적인 고체세럼이예요. 립스틱을 바르듯 스틱을 꺼내 원하는 부위에 바를 수 있어 편리합니다.

주름개선과 미백관리가 필요한 국소부위는 물론 자주 건조해지는 눈가와 입가, 입술에 발라도 그만이예요. 스틱형 제품이라 굴곡진 부분도 부드럽게 발리고 1초에 2mm씩 빠르게 흡수되어 사용감이 가볍고 산뜻해요. 모든 피부에 사용할 수 있지만 화장품 선택이 까다로운 수부지 타입 피부(수분부족형 지성피부)에 적극추천하고 싶은 '순하고 강력한 보습밤'이기도 합니다.

보습성분이 살짝 오일리한 감촉을 주지만 피부에 전혀 자극을 주지 않아 피부 트러블을 염려할 필요가 없어요. 오히려 묵은 각질과 하얗게 일어난 버즘까지 진정시켜 주기 때문에 바세린처럼 아이들 피부에 발라줘도 좋습니다.

"한 게 없는 자연스러움으로,
한계 없는 아름다움을 꿈꿉니다"

몸이 열 개라도 부족한 것이 엄마의 삶인 것 같아요. 일하고 살림하며 아이를 키우다 보면, 뜻하지 않은 사건사고도 많고 해야 할 일도 자꾸 쌓이죠. 정신없이 사방팔방으로 뛰어다니다 보면, 민낯으로 돌아다니는 날도 수두룩합니다. 그래서 늘 제 가방 속 파우치에는 '미니 홈케어 패키지'가 저를 기다리고 있습니다.

지친 피부에 3분 수분팩이 되어줄 곰돌이 닦토와 수시로 메마르고 주름지는 피부 보습을 위한 스쿠알란스틱, 아주미의 마지막 자존심을 지켜줄 아로셀 톤업 선크림과 글로우 쿠션이 그 주인공들이예요. 앙증맞은 디자인과 콤팩한 사이즈로 휴대하고 다니기 좋은 저의 뷰티 잇템들입니다.

이 구성이면 언제, 어디서, 누굴 만나든 부끄럽지 않아요. 언뜻 보면 아무것도 안 한 민낯 같지만 누구보다 건강하고 환한 피부를 자랑할 수 있거든요. 세럼스틱 위에 톤업 크림만 발라도 반짝반짝 광이나는 피부가 완성돼요.

진정한 고수는 한 듯 안 한 듯 티가 안 나는 메이크업으로 본연의 아름다움을 과시한다는 말도 있잖아요. 내 피부에 유익한 보습성분으로 피부 젊음은 물론 자연스러운 물광까지 표현할 수 있으니 일석이조 아닌가요?

맨 얼굴이 당당한 여자로 살고 싶은 마음은 누구나 똑같아요. 하지만 세월의 흔적이 깊어질수록 민낯 자신감은 뚝뚝 떨어지죠. 화장으로 노화의 흔적을 숨기느라 바빴다면 홈케어로 노화를 차단해 보는 것은 어떨까요? 피부 노화는 물론 마음의 여유까지 챙길 수 있을 거예요.

"작지만 강하다!" 보습·주름·미백의 끝판왕

"홈케어는 또 다른 나를 찾는 과정입니다"

세상에 쉬운 일은 없나 봅니다. 자기관리만큼은 모범생을 자처하는 저에게도 슬럼프는 수시로 찾아 옵니다. 피곤한 날은 정말 아무것도 하고 싶지 않아요. 씻지도 않고 종일 누워서 먹고 자고 드라마를 보면서 늘어지고 싶은 마음이 더 간절해요.

가끔 주어지는 '자유부인의 시간'이 더 많았으면 좋겠다 싶은 날도 있고 늙지 않고 나이들 수 있으면 얼마나 좋을까 하는 생각도 자주 합니다.

저의 뷰티라이프에 찾아온 권태감은 억지로 극복하려고 애쓰지 않습니다. 무엇이든 즐길 수 있어야 결과도 좋다고 생각하는 편입니다. 따로 홈케어를 할 만큼 심신이 여유롭지 않을 때는 최소한의 관리만 하며 저에게 휴식을 줍니다.

아무리 힘들고 피곤해도 수분공급과 보습케어는 잊지 않습니다. 제 피부를 위한 최소한의 배려가 아닐까 싶어요. 아침, 저녁으로 세안만큼은 꼼꼼히 하고 수분크림과 선크림만큼은 꼭 발라 줍니다. 그리고 수시로 당기고 메마르는 피부는 스틱세럼을 휴대하고 다니며 관리합니다.

저는 립밤대신 세럼스틱을 갖고 다니며 얼굴 전체의 보습을 지키고 있어요. 비브이비랩의 스쿨알란 세럼스틱 70은 식물성 스쿠알란을 70% 함유한 고체형 세럼이예요. '보습의 여왕'이라 불리는 스쿠알란은 1초에 2mm씩 피부에 흡수되는 강력한 보습성분이예요. 여기에 잉카 오메가 오일을 더한 세럼스틱은 그야 말로 '순한 보습의 끝판왕'입니다.

인체에 무해한 성분만 엄선한 피부 친화적 화장품이라 아기부터 임산부까지 안심하고 사용할 수 있는 '착한 세럼'이예요. 립스틱처럼 용기에 담긴 스틱을 직접 바르는 제품이라 위생적입니다. 피부에 부드럽게 발리는 마일드한 사용감은 물론 바르는 즉시 나타나는 보습효과는 단연 '최고'가 아닐까 싶어요.

바세린처럼 장시간 보습효과가 유지되지만 무게감이나 끈적임은 전혀 느낄 수 없는 '확실한 수분밤'이예요. 주름과 미백 기능성 화장품인만큼 속부터 차오르는 '물광'은 물론 안색개선과 주름예방효과까지 기대할 수 있죠. 또한 화장품 성분이 모공을 막지 않아 '수분부족형 지성피부'에도 잘 맞는 제품입니다.

수부지 타입 피부는 속건조가 심해 각질이 잘 쌓이는 반면 피부 표면은 유분이 많아 트러블이 생기기 쉽잖아요. 스쿠알란 스틱은 피부 친화적인 성분으로 모공에 쌓이지 않고 그대로 흡수되서 피부 안팎을 건강하게 만들어 줍니다. 유분에 의한 뾰루지나 피부트러블은 염려하지 않아도 되는 '순둥이 보습제'인 셈이죠.

"어제의 나를 교훈 삼아
현재의 나를 관리하고
내일의 나를 설계합니다"

하루의 대부분을 주부인 채로 살며 생활에 최선을 다합니다. 집과 회사를 오가는 일상을 반복하며 열심히 현실 삶을 살아가고 있습니다. 이렇게 비슷한 일상의 반복을 우리는 '안정된 삶'이라고 말합니다. 그 안정감 속에서 새로운 목표를 계획하고 크고 작은 도전을 하며 나이를 먹어가는 것이 인생인가 봅니다.

주부이기 이전에 한 여자로서의 제 생활도 크게 다르지 않습니다. 운동과 식단을 병행하면서 시간일 날 때마다 홈케어로 피부관리를 합니다. 100% 완벽하지 않지만 가급적 제가 정한 루틴에 맞춰 먹고 운동하고 세안을 하고 화장품을 바릅니다. 이런 꾸준한 반복이 40대의 건강과 젊음을 지켜준다고 생각해요.

가끔은 슬럼프도 찾아오고 권태감도 느끼지만, 그 모든 과정이 여자로서의 행복과 꿈에 가까워지는 과정이 아닐까 생각합니다. 때론 느슨하게 또 때로는 타이트하게 완급조절을 하며 나의 오늘과 내일의 아름다움을 지키는 일, 그것이 여자로 살아가는 주부의 '홈케어'인 것 같아요.

입맛이 없어도 끼니는 거르지 않는 아줌마 근성으로 피부도 사랑해주세요. 메마른 입술에 립밤 한 번, 칙칙한 눈 밑에 비타민C 한 번 바르는 습관이 쌓여 '예쁨'을 완성시킵니다. 여자는 관리하는 만큼 예뻐지고 노력하는 만큼 행복해질 수 있습니다.

비타민C로 되찾은 자체발광 `반사판 피부'

"여자의 피부는 젊음의 상징!
노화의 흔적은 지나온 삶의 기록이다"

여자의 젊음을 지키는 최고의 비결은 무엇일까요? 나이가 들수록 예쁜 이목구비보다 젊고 어려 보이는 피부가 더 욕심납니다. 탱탱한 피부나 탄탄한 몸매는 결코 하루 아침에 얻어지지 않기 때문인가 봐요.

20대 이후부터 시작되는 노화의 징후를 실제로 체감하는 시기는 30대인 것 같아요. 흔히 '어느 날 갑자기' 세월의 흔적을 발견한다고 하잖아요. 저 역시 서른 중반을 훌쩍 넘기고 나서야 우연히 '나이듦'을 알아챘던 것 같습니다. 40대가 되고 보니 새삼 관리의 중요성을 느낍니다.

피부로 드러나는 노화를 신경쓰기 시작하면 많은 것들이 달리 보입니다. 미세한 주름부터 거뭇거뭇한 블랙헤드와 넓어진 모공, 칙칙한 기미와 주근깨까지 평소 무심히 지나쳤던 세심한 부분까지 눈에 거슬립니다.

여러가지 피부 고민 중 '한 살이라도 어렸을 때 관리했더라면 좋았겠다' 싶은 부분이 바로 색소침착입니다. 어려서부터 선크림은 꼬박꼬박 발랐던 것 같은데 기미와 잡티로 부터 완전히 자유로울 수는 없더라고요.

자외선에 의한 피부 자극 외에도 색소침착을 유발하는 원인은 다양합니다. 10~20대 어린시절에 관리소홀로 생긴 색소침착은 나이를 먹어도 사라지지 않아요. 또한 임신과 출산을 경험하며 올라온 기미와 주근깨는 여자의 숙명처럼 느껴질 정도죠.

눈가의 기미, 양볼에 번진 주근깨를 비롯해 피부에 불특정하게 나타나는 잡티 등은 피부를 칙칙하게 만듭니다. 전체적인 피부톤을 밝게 해주는 미백관리에 성공해도 얼굴 곳곳에 얼룩처럼 남아 속을 썩입니다.

한 번 생긴 기미와 주근깨는 시간이 갈수록 피부 속 깊이 자리잡고 단기간에 치료가 어렵다는 사실은 이미 잘 알려져 있잖아요. 이러한 색소침착은 나이와 성별에 상관없이 일찍부터 예방하고 관리하는 것이 최선이라고 할 수 있어요.

평소 자외선 차단을 위해 선크림을 꼬박꼬박 발라주고 밤 10시 이후 숙면을 취하면 멜라닌 호르몬 생성을 방지할 수 있습니다. 또한 미백에 도움을 주는 비타민C가 풍부한 과일과 채소를 섭취하는 것도 좋은 방법이에요.

최근에는 비타민C를 함유한 미백기능성 화장품도 출시되고 있습니다. 피부에 직접 유효성분을 흡수시켜 빠른 효과를 얻기 위함인데요. 저 역시 영국산 퓨어 비타민C를 20% 함유한 고함량 비타민C 스틱을 사용하고 있습니다.

아로셀 비타20 파워스틱은 집중 브라이트닝 효과를 주는 미백개선 기능성 화장품입니다. 임상을 통해 기능을 입증받은 순수 비타민C와 유용성 감초추출물이 주원료로 피부를 맑고 환하게 가꿔줍니다.

비타민C는 열과 빛에 쉽게 산화하는 성질이 있어 화장품으로 사용시 제대로 된 효과를 기대하기 어려웠습니다. 아로셀 비타민 스틱에 함유된 비타민C는 이중막으로 감싼 미세한 입자로 제작되어 성분 파괴를 최소화하여 빠르고 안전하게 유효성분을 피부까지 전달합니다.

제조사인 코스맥스의 엄선된 기술력으로 탄생한 더블 캡처 캡슐래이팅 시스템이 그 비결인데요. 1단계 오일코팅과 2단계 식물유래왁스코팅이 비타민C 보호는 물론 오일 성분이 피부 보습막을 형성해 촉촉함까지 지킬 수 있어요.

저는 이 비타민 스틱을 잠들기 전 스킨케어 마지막 단계에서 피부에 부드럽게 발라줍니다. 안색개선과 잡티 완화 효과를 기대할 수 있어요. 국내에서는 최소로 선보이는 순수 비타민 스틱으로 부드러운 발림성과 간편한 사용법까지 갖춘 제품입니다.

단, 비타민C를 고농도로 함유한 제품인만큼 밤에만 사용하시길 권장합니다. 강한 자외선에 의해 피부 자극이 발생할 수 있습니다. 부득이하게 낮에 비타민 스틱을 바를 경우 제품을 바른 부분 위에 선크림을 듬뿍 발라주세요.

또한 자극에 예민한 민감성 피부의 경우 비타민C에 의한 따끔거림이나 화끈거림이 발생할 수 있습니다. 따라서 팔 안쪽, 귀 뒤쪽에 피부 테스터를 먼저 진행한 다음 사용하고 색소관리가 필요한 국소부위 위주로 천천히 사용범위를 늘려가는 방법을 추천드립니다.

피부는 거짓말을 하지 않는다고 해요. 하룻밤만 잠을 설쳐도 얼굴이 푸석해지는 것처럼 조금만 신경써서 관리하면 그 효과도 금세 티가 납니다.

나이를 먹어도 촉촉하고 매끄러운 피부, 환하고 맑은 안색을 가진 피부미인의 길은 멀지 않습니다. 성실한 반복과 꾸준한 관심이 여자를 여자로 살게 합니다. 30대 같은 미모를 꿈꾸는 40대 아줌마의 찐경험을 통해 얻은 교훈이에요.

무엇이든 '늦었다고 생각할 때가 가장 빠를 때'라고 합니다. 여자의 인생을 풍요롭게 가꿔주는 자기관리의 길에는 지각이 없습니다. 스스로 변화가 필요하다 느끼는 순간이 시작할 타이밍이라고 말씀드리며 저는 이만 물러 갑니다.

비타민C 화장품의 진화 "칙칙한 피부, 색소침착까지 안녕!"

"순간의 방심이 피부를 망친다.
흔적을 지우는 성실함이 미모를 지킵니다"

SNS는 오롯이 여자 양지혜의 이야기를 기록하는 일기장 같은 공간이에요. 40대 주부의 일상은 저 자신으로 지내는 시간을 쉽게 허락하지 않아요. 무의식 중에 두 아이의 엄마가 되고 일하는 주부로 바쁘게 집과 사무실을 오가다 보면 하루가 금방 끝나 버려요.

하루의 대부분을 강인한 엄마이자 열정 아줌마인 채로 살지만 분명히 제 안에는 '여자'가 살아 숨쉬고 있습니다. 그 여자를 간절히 잃고 싶지 않아요. 그래서 더 열심히 운동하고 피부를 가꾸며 SNS에여자로 살아가는 소중한 저의 시간을 기록합니다.

저 자신에게 소홀해지고 싶지 않아서 시작한 SNS 일기지만 지금은 제2, 제3의 양쥐님들과 상담하고 소통하는 '사랑방'으로 숨쉬는 공간이 됐네요. 마라톤도 페이스메이커가 있으면 더 큰 시너지를 낸다고 하죠. 저도 저와 같은 고민을 하는 분들과 함께 하다보니 더 많은 것들을 욕심내며 꾸준히 관리를 지속할 수 있지 않나 싶네요.

칭찬과 관심은 아이들에게만 필요한 것이 아닌 저 같은 44살 아줌마한테도 똑같이 필요한가 봐요. 제가 효과를 본 화장품에 대해 좋은 반응과 평가를 후기로 전해보면 감동과 책임감이 더 막중해 지더라고요. 혼자서는 작심삼일에 끝났을 다짐도 더 착실히 지키려 노력하게 됩니다.

작년부터 홈케어를 집중 연구하면서 시작한 '아로셀 홈케어 인'은 이제 저의 뷰티템이자 인생템이 되어 버렸지요.

매일 아침, 저녁으로 바르는 기초제품인 만큼 피부에 순하게 작용하는 안전성이 첫 번째, 나이를 먹을수록 늘어나는 피부 문제점을 다각도에서 개선해 줄 수 있는 효능이 두 번째였습니다. 그리고 지금은 보다 홈케어를 보다 세분화하며 집중관리

해주는 기능성 화장품을 끝없이 테스팅 하는 중입니다.

최근 눈여겨 보고 있는 '기능성 뷰티템'은 비타민C 화장품입니다. 비타민C는 항산화 및 항염, 미백효과가 탁월한 성분입니다. 반면 열과 빛에 약해 성분파괴가 쉽고 피부에 흡수시키기 어려워 주목받지 못 했어요. 그런데 요즘 비타민C의 약점을 보완한 진화된 형태의 비타민C 화장품이 속속 선보이고 있네요.

화장품에 쓰이는 비타민C 성분은 '비타민C 유도체'와 '순수 비타민C'로 나뉩니다. 비타민C 유도체는 유효성분을 안정화시켜 보존기간이 긴 반면 피부 흡수력이 현저히 떨어집니다. 반면 순수 비타민C는 피부 미백과 항산화 효과가 뛰어난 반면 안정성이 떨어져 성분보존 및 보관이 어려운 것이 단점이라 할 수 있어요.

그래서 저는 확실한 효과를 지난 순수 비타민C를 안정화시킨 비타민C 스틱을 선택했습니다. 아로셀 비타20 파워스틱은 비타민C 화장품의 강점만을 최대한 반영한 미백 개선 기능성 화장품입니다.

순수 비타민C와 보습·진정, 미백에 효과적인 식물 추출물을 함유한 집중 브라이트닝 제품이에요. 부드러운 크림을 스틱으로 제작해 굴곡진 부분까지 손쉽게 미백 관리가 가능한 고함량 비타민C 스틱이라고 할 수 있습니다.

아로셀 비타20 파워스틱은 2중 캡슐 보호막으로 비타민C를 안정화시켜 성분의 파괴와 변형을 최소화했어요. 또한 비타민C 입자를 미세하게 쪼개어 피부 흡수력을 높였습니다. 전성분에 엘-아스코르빅애시드로 표기되는 순수 비타민C는 임상을 통해 효과가 입증된 영국산 퓨어 비타민C를 사용한다니 더 믿음이 가더라고요.

이는 피부에 흡수되는 비타민C 최대 농도인 20%를 함유하고 있습니다. 순수 비타민C는 무조건 고함량 제품이 피부에 좋은 것은 아니라고 해요. 순수 비타민C 함유량이 20%가 넘어가면 오히려 흡수율이 떨어지고 피부를 자극할 수 있다고 합니다.

실제로 순수 비타민C는 고농도 비타민을 피부에 직접 흡수시키는 만큼 민감성 피부나 아이들 피부에 자극이 될 수 있습니다. 그래서 저는 주로 햇볕이 없는 밤에 사용하고 낮에는 선크림을 위에 덧발라 피부를 보호해 줍니다. 또 아이들에게 발라줄 때는 크림을 섞어서 사용해요. 피부 자극은 줄이고 비타민C 흡수력을 높일 수 있기 때문입니다.

"기본 원칙이 깨지면 피부도 무너집니다"

몸에 좋은 약도 투여횟수와 용량을 잘 지켜야 비로소 제기능을 하잖아요. 기능성 화장품도 똑같다고 생각합니다. 뛰어난 기능과 성분으로 확실한 효과도 중요하지만 올바른 사용법을 잘 지키면 그 효과는 더욱 배가 된다고 생각해요.

잡티 한 점 없이 맑고 투명한 피부를 만들고 싶다면 비타민C를 '잘' 활용하자고 말씀드리고 싶습니다. 원하는 부위에 비타민C 스틱을 바르고 집중 관리가 필요한 부위는 2~3회 덧발라 레이어링을 해주면 됩니다.

낮에 비타민C 스틱을 바를 때는 선크림 사용이 필수라는 사실은 두 번 강조하고 싶고요. 특히 잠들기 전에 순수 비타민을 발라주면 밤새 환해진 얼굴을 만나실 수 있을 거예요.

"10대 피부는 엄마의 손길에서 비롯하고20대 이후 피부는 스스로 얻어지는 관리의 결실입니다"

피부의 젊음을 위해 홈 스킨케어를 열심히 실천하고 있습니다. 홈케어 덕분인지 피부 좋다는 말을 자주 듣네요. 벌써 1년 차가 다 되어가는 홈케어로 얻은 것은 피부의 젊음이 전부는 아닌 것 같아요.

한창 외모에 관심이 많은 중3 딸과 더 친해졌고 저처럼 홈케어를 사랑하는 인친들과 새로운 공감대가 생겨서 즐거워요. 저 자신은 물론 내 아이와 내 지인들이 사용하는 화장품이라고 생각하다 보니, 제품을 보는 안목도 훨씬 까다로워졌어요. 그리고 지금은 저만의 홈케어 노하우를 발견하고 있답니다.

이 모든 일기가 쌓이고 쌓이면 언젠가는 양쥐만의 제품 사용법으로 저의 카톡 사랑방에서 더 이야기를 깊게 나눌 수 있는 날이 오지 않을까요? 합리적이고 확실한 홈케어로 여자의 젊음을 지키는 아줌마 양쥐언니의 일기장을 앞으로도 쭉 기대해 주세요. ♡

뷰티 키워드는 '타임리버스' 민감한 눈가와 목주름은 어떻게?

"불멸의 젊음을 욕망하며 아름다움을 탐합니다"

시간은 모두에게 공평하게 주어집니다. 오직 '그 시간을 어떻게 사용했느냐'에 따라 결과가 달라질 뿐이죠. 그래서 우리는 시간을 헛되이 낭비하지 않으려고 최선을 다해 살아갑니다.

외모도 마찬가지입니다. 중년 이후의 외모는 '노력의 결실'이라는 말을 저는 부정하고 싶지 않습니다. 타고난 미모도 한 때고 저절로 지켜지는 젊음도 한 시절이더라고요. 영원히 늙지 않을 것 같았던 마음도 나이가 드는데 피부라고 영원할 수 있을까요.

30대 이후부터 우리 몸은 서서히 노화의 단계에 접어든다고 합니다. 때문에 꾸준한 관리로 노화를 늦추는 것이 젊음 유지의 유일한 대안이자 해법이 아닐까 싶습니다. 그 중 피부는 세월에 가장 민감하게 반응하는 부위인 것 같아요. 우리 피부는 외부자극에 쉽게 손상되고 가장 적나라하게 드러나 보입니다. 그만큼 외모에 미치는 영향도 커요. 피부만 좋아도 훨씬 건강하고 어려 보이잖아요.

때문일까요? 요즘 뷰티 트렌드는 피부 시간을 되돌리는 '타임 리버스'가 대세라고 합니다. 나이를 불문하고 잡티 없이 깨끗하고 탱탱한 피부를 가지고 싶어 합니다. 저 역시 40년 넘게 살면서 피부 고민이 없었던 적이 없어요. 좋다고 소문난 화장품은 꼭 써봐야 직성이 풀렸고, 피부과나 에스테틱을 전전하며 관리를 받기도 했습니다.

저는 나태한 천재보다는 노력하는 둔재가 훨씬 멋지다고 생각하는 '노력파 아주미'였던 것 같아요. 타고난 미인은 아니었지만 투자하는 만큼 조금씩 더 나아지는 제 모습을 보는 기쁨에 관리를 멈추지 않았습니다. 그리고 지금은 그 동안의 경험을 밑천 삼아, 제 피부 상태를 직접 진단하고 관리하는 홈케어 전도사를 자처하고 있습니다.

오직 화장품만 믿고 혼자 연구하고 테스트하며 시작한 홈케어지만 무척 만족하고 있습니다. 기초스킨케어부터 시작해서 이제는 주름개선이나 미백관리 같은 집중관리까지 직접 해요. 피부 개선 효과는 물론 시간과 비용까지 아낄 수 있으니까 매년 더 열성적이 되는 것 같습니다.

요즘 홈케어는 '즉각적인 효과'를 안겨주는 안티에이징까지 가능해졌습니다. 화장품을 바르는 것만으로도 노화의 징후를 개선할 수 있다는 사실이 무척 놀랍지만 제가 직접 효과를 확인하면서 감탄을 금치 못하고 있네요.

주름은 한 번 생기면 사라지지 않는 노화의 주범으로 손꼽히죠. 특히 눈가와 목 주름은 한 번 생기면 돌이킬 수 없다는 것이 '불변의 진리'인 것처럼 여겨져 왔어요. 피부가 얇고 예민한 부위라 함부로 관리도 힘든 부분이 바로 목과 눈가잖아요. 때문에 전용크림이나 앰플을 발라 수분과 영양을 채워주는 것이 고작이었습니다.

저는 조금 더 확실한 관리의 필요성을 느끼면서 '아로셀 아이 앤 넥 슈퍼크림'으로 관리를 시작했습니다. 아이 앤 넥 슈퍼크림은 세계적인 코스메틱 제조사인 신세계인터코스의 스위스 연구소인 CRB와 원료를 연구하는 비타랩연구소가 한 팀이 되어 개발한 파워풀한 주름 및 탄력 개선, 미백 기능성 제품입니다.

식물성 에스트로겐인 소이이소플라본과 연어알에 함유된 소듐디엔에이, 5중 세라마이드가 주성분으로 재생과 피부장벽강화에 강력한 효과를 지니고 있습니다. 아이 앤 넥 전용 제품인만큼 눈가나 팔자주름, 목에 사용하면 바르는 순간 사르르 피부로 스며들며 피부 속부터 꽉찬 탄력과 영양감을 부여해 줍니다.

발*, 겔* 등 고가의 유명회사 제품과 효과면에서 견주어도 부족함이 없는 반면 가격은 무척 합리적인 제품입니다. 그래서 저는 얼굴이나 목, 어깨 등 림프 순환 마사지를 할 때 마사지 크림 대신 사용하기도 합니다. 향료나 합성보존료 등을 전혀 첨가하지 않은 EWG 그린등급 성분이라 매일 사용해도 안전하고 파워풀한 효과가 느껴지니까 관리하는 보람이 있어요.

"구슬은 꿰어야 보배고 주름은 펴야 제 맛입니다"

홈케어로 드라마틱한 효과를 기대할 수 있을까요? 제 대답은 '예스(YES)'입니다. 피부는 좋은 화장품과 확실한 루틴, 섬세한 손길이 만나면 되살아 납니다. 유명 에스테틱의 관리가 입소문을 타는 이유도 첫 번째가 바로 이 '손맛'이잖아요.

그래서 저는 전문관리사의 마음으로 제 피부에 닿는 손길 하나하나에 정성을 다하려고 합니다. 시간을 되돌리고 싶은 간절함을 담아서 피부 깊숙한 곳까지 제 손의 온기를 전하려고 해요.

피부도 '지성이면 감천'이라는 저의 믿음을 꾸준히 실천하며 증명해 보이고 싶은 욕심도 있어요. 제가 직접 경험하고 확인하고 증명한 좋은 화장품으로 확실한 관리 루틴을 소개할 수 있기를 기도하면서 말입니다.

10년 더 젊어 보이는 미모를 갖고 싶은 현실 아주미의 뷰티 일기장에 오늘은 '타임리버스'를 기록합니다. '피부 시간을 되돌리는 관리'라는 말만으로도 가슴이 벅찬 40대 주부의 새로운 도전을 항상 응원해주세요.

피부혁명! 주름을 지우는 파워풀한 홈케어

"젊음은 주름의 깊이와 반비례합니다"

거울을 하루 몇 번 보시나요? 온전히 나 자신을 바라보는 횟수가 점점 줄어들고 있지는 않은지 생각해 볼 일입니다.

여자에게 거울은 자신감과 자기애를 대변하는 도구가 아닐까 싶습니다. 수시로 자신의 외모를 점검하고 조금 더 단정하고 예쁜 모습이고 싶을 때 우리는 자연스레 거울을 찾게 되잖아요. 그리고 거울 속 내 모습이 예뻐보일 때 기분 좋게 사진을 남기기도 합니다.

나이들수록 사진찍기 싫어진다면 그건 자기 모습이 더 이상 예뻐 보이지 않게 때문인 것 같아요.나 조차 보기 싫은 자신을 누가 예쁘게 봐주고 사랑해줄 수 있을까요? 그래서 나부터 자신을 사랑해야 행복해질 수 있다고 이야기 하나 봅니다.

일과 살림이 바쁘다는 이유로 정작 나 자신은 '대충' 살아지고 있지는 않으신가요? 삶이 바빠질수록 나이를 먹어갈수록 '나' 자신을 돌보는데 소홀해지는 것 같습니다. 어느날 갑자기 확 늙어버린 나를 발견하는 것도 평소 자신의 모습에 무심했던 시간이 길었기 때문이라고 생각합니다.

노화는 어느날 갑자기 찾아오는 감기와 달라요. 서서히 진행되고 조금씩 속도가 빨라지기 때문입니다. 웃을 때 눈가에 잡히던 엷은 주름이 서서히 자리를 잡아가는 동안 저는 결혼도 하고 아이를 낳고 현실을 좇으며 살기 바빴네요. 그러다 몰라보게 깊어진 주름을 발견하고 나서야 번쩍 정신이 들었던 것 같습니다.

가족을 돌보느라 얻은 훈장이라고 위안을 하다가도 예쁘게 관리한 예쁜 주부들을 보면 부러움이 먼저 앞섰어요. 제 자신을 돌보지 못한 것이 나태함은 아니었을까 고민했던 적도 있었습니다. 이런 후회와 반성을 반복하면서 저만의 뷰티일기를 시작하게 됐어요.

두 아이의 엄마이자 일하는 주부라서 피부는 오직 화장품을 바르는 '홈케어'로 관리합니다. 마흔을 훌쩍 넘겨 버린 아줌마의 피부는 기초부터 안티에이징까지 신경 써야 할 부분이 많아요. 특히 노화관리는 필수관리과목이라고 볼 수 있습니다.

탄력을 잃기 시작한 피부는 주름도 쉽게 생깁니다. 한 번 생긴 주름은 웬만해서는 쉽게 나아지지 않고 갈수록 더 깊게 패고 진하게 자리잡아요. 때문에 착실한 예방과 지속적인 관리로 노화를 늦춰주는 것이 중요합니다.

동안피부는 촉촉한 수분감과 탱탱한 탄력에서 비롯합니다. 그래서 기초스킨케어 시 수분과 영양공급이 우수한 화장품을 사용하는 건데요. 의외로 많은 분들이 목 관리에는 무심한 경우가 많은 것 같습니다.

사실 얼굴 관리의 기본은 목과 어깨 근육을 푸는데서 시작한다는 사실 아시나요? 특히 목은 피지선이 덜 발달한 데다 피부가 얇아서 눈가만큼 주름이 생기기 쉬운 부위이기도 합니다. 그래서 다른 부위보다 조금 더 세심한 관리가 필요하다고 볼 수 있어요.

"주름 걱정이 없는 '영쥐'를 소망하는 주부 '양쥐'입니다"

눈웃음 부자인 저는 눈가주름이 정말 많아요. 그래서 눈가와 목 주름 관리를 '아로셀 넥앤 아이 슈퍼크림' 하나로 병행하고 있습니다. 아로셀의 넥 앤 아이 슈퍼크림은 굉장히 파워풀한 효과를 지닌 고기능성 크림이에요.

식물성 에스트로겐 성분이 호르몬 불균형으로 거칠어진 피부를 윤택하게 가꿔주고 연어알 추출물에 함유된 소듐DNA와 5중 세라마이드가 재생을 도와 피부장벽을 튼튼하게 만들어 줍니다.

바르는 순간 녹아내리듯 흡수되는 텍스처는 정말 감동 그 자체예요. 민감한 목이나 눈가에 발라주면 저절로 싹 흡수가 되니까 자극없이 안티에이징 효과를 누릴 수 있습니다. 눈가 혈자리와 목의 림프 주변만 살살 눌러주는 정도로 마무리해도 좋아요.

고가의 명품 화장품에 버금가는 성분과 효과를 갖췄지만 가격은 무척 합리적이라 한 번 더 놀라고, 넉넉한 용량에 한 번 더 반하게 됩니다. 실제로 아로셀 넥앤 아이 슈퍼크림은 눈과 넥 관리 전용 크림인 반면 80g의 대용량 화장품이에요.

용량이 '혜자 사이즈'라서 데일리케어는 물론 목과 어깨에 피로가 쌓인 날은 마사지 크림을 대신해 사용해요. 이런 고급크림으로 데콜테에 피로를 풀다보면 럭셔리한 에스테틱 관리를 집에서 하는 기분이라 무척 흐뭇해집니다.

"여왕처럼 피부를 가꾸고 공주처럼 꿈을 꿉니다"

종일 개미처럼 일하고 녹초가 된 몸으로 잠이 드는 일상을 살지만 홈케어하는 시간만큼은 여왕처럼 행동합니다. 세상에서 가장 귀한 사람을 대하듯 저 자신을 소중하게 생각하고 정성스레 피부를 만집니다.

생각이 곧 현실이 되고 그 현실이 곧 인생이 된다고 하잖아요. 좋은 성분을 담은 화장품을 엄선한 만큼 그 효과가 젊음으로 드러나길 바라는 기대가 곧 생각이고 동안피부로 살아가는 아주미 일상이 바로 현실이라고 생각해요.

긍정적인 생각은 무엇보다 강력한 힘을 지니고 있다고 합니다. 평범한 일상 속에 활력이 필요하다면 '나 자신'을 향한 관리와 투자로 동기부여에 나서보는 것은 어떨까요? 나로부터 얻어지는 작은 성취감으로 해피바이러스를 전하는 양쥐언니였습니다.

피부 젊음의 화룡점정, 팽팽한 눈가와 목 주름

"마음의 휴식을 주는 감미로운 음악처럼
피부의 젊음을 되찾아 주는 좋은 화장품을 연구합니다"

딸은 엄마를 통해 여자의 인생을 배웁니다. 제 친정어머니는 수수하지만 늘 단정함을 잃지 않으시던 분이셨어요. 항상 곧은 자세와 바른 몸가짐을 가르치셨고 드러난 화려함보다는 본연의 아름다움을 더 중요하게 생각하셨던 것 같아요.

진한 화장을 하지 않으셨지만 아침, 저녁으로 기초 화장품은 꼼꼼히 챙겨 바르셨어요. 그런 영향을 받은 탓인지 저 역시 기초스킨케어 관심이 더 많고 옅은 화장을 선호하는 내추럴한 아주미로 살고 있습니다.

한창 멋부리는데 관심이 많았던 10대 시절을 제외하면 저의 뷰티 라이프는 피부 본연의 젊음을 지키는데 혈안이 되어 있었던 것 같아요. 특히 노화가 가속화되기 시작하는 30대 중반 이후부터는 안티에이징과 탄력관리에 심혈을 기울였습니다.

여자의 피부는 5가지를 두루 챙겨야 합니다. 광채, 탄력, 미백, 수분, 주름은 피부 나이를 가늠하는데 결정적인 역할을 하는 요소입니다. 이 중 한 가지라도 부족하면 여자들은 피부 관리의 필요성을 느끼게 되는 것 같습니다.

나이가 들수록 피부는 대사기능이 느려지고 세포 재생력이 떨어집니다. 아침에 베개자국이 사라지지 않는다면 이미 피부의 노화가 진행되고 있는 거예요. 본격적인 노화의 징후는 피부 처짐과 주름으로 드러납니다.

웃을 때 눈가에 잡히던 주름이 깊게 팬 흔적이 되어 남기 시작하면 '이제 정말 늙는구나' 싶은 기분이 들어요. 20대 시절부터 아이크림을 꾸준히 발라왔지만 주름은 피할 길이 없더라고요. 웃음이 많은 성격 탓이에요.

이런 눈가나 목은 표정이나 생활습관에 의해 주름이 생기기 쉬운 부위입니다. 피지선이 발달하지 않아 건조한 반면 피부가 얇고 예민하기 때문에 반복된 습관만으로도 주름이 생기고 짙어져 골치를 썩이죠. 이런 민감한 국소부위는 안티에이징 효과가 좋은 기능성 화장품으로 집중관리를 합니다.

'아로셀 넥 앤 아이 슈퍼크림'은 눈과 목을 한 번에 관리해 주는 미백 및 주름 개선 2중 기능성 화장품입니다. 식물성 에스트로겐 '소이이소플라본' 성분이 호르몬 불균형으로 활력을 잃은 피부를 윤택하게 가꿔주고 연어알 추출물에 함유된 소듐DNA가 피부의 재생력을 향상, 5중 세라마이드가 피부장벽을 강화해 외부자극에 의한 피부손상까지 예방할 수 있습니다.

아로셀의 아이 앤 넥 수퍼크림은 발몽의 아이컨투어 크림처럼 피부에 닿는 순간 녹아들 듯 흡수되는 크림 제형으로 그동안 느껴본 적 없는 놀라운 사용감을 안겨주는 '럭셔리한 화장품'이예요. 저는 이 아이케어부터 팔자주름케어, 목주름케어까지 함께 하고 있습니다. 80g의 대용량 사이즈라서 기초스킨케어부터 홈스파 마사지까지 두루 사용할 수 있거든요.

홈스파를 할 때는 얼굴은 물론 목과 어깨라인에 크림을 듬뿍 발라서 데콜테마사지를 해줍니다. 어깨와 목에 뭉친 근육을 풀어주면 얼굴에 붓기 해소는 물론 종일 긴장한 몸에 쌓이 피로가 싹 풀립니다. 홈스파 후에 바로 콜라겐 마스크팩을 붙이고 자면 저절로 숙면을 취하게 돼요.

"미모는 더 간절히 쟁취하는 것입니다"

홈케어를 시작하고 생긴 가장 큰 변화는 당연히 '피부'입니다. 매일 꾸준히 관리하는 만큼 일관된 컨디션을 유지할 수 있고 시간이 지날수록 피부가 좋아지는 것을 체감합니다. 매일 아침 제 피부 상태를 확인하는 즐거움이 생겼고 화장이 가벼워지는 것이 그 증거가 아닐까 싶어요.

외모에 대한 만족감이 올라가면서 일상 생활에도 활력이 생겼습니다. 긍정적인 생각을 더 자주 하고 무슨 일이든 즐거운 마음으로 임하는 '열정아주미'라고 해야 할까요? 주저하고 고민하던 이전과 달리 일단 마음 먹은 것은 먼저 행동하는 제 자신을 발견합니다. 이것이 관리하는 여자의 소소한 행복인가 봅니다.

만일 주어진 환경에 안주하고 이런 생활의 변화는 경험할 수 없었을 거예요. 늘 똑같은 일상을 반복하면서 잃어버린 젊음을 그리워하고 세월 앞에 속수무책으로 늙어가는 제 모습을 안타까워하며 지내지 않았을까 싶네요.

누구나 나이들고 누구나 늙어가지만 그 시기를 조금은 늦출 수 있습니다. 나 자신을 돌보고 있다는 믿음만으로도 우리는 충분히 젊어진 기분을 느끼잖아요. 즐겁게 관리하고 꾸준히 아름다워지세요. 노력은 언제나 결과로 보답합니다. 여자의 아름다운 미모는 얻어지는 것이 아니라 쟁취하는 것입니다.

마법의 홈에스테틱, 잠든 동안 되찾는 'V라인'

"도도한 미모를 위해 피부의 겸손을 관리합니다"

'몸매는 S라인, 얼굴은 V라인, 아주 그냥 죽여줘요' 가수 박현빈 씨의 '샤방샤방'이라는 노래 가사입니다. 복고 열풍과 함께 불어온 트로트 열풍이 한창이죠. 저도 요즘은 트로트를 자주 듣습니다. 출근 준비도 흥겨운 노래가 함께 합니다. 특히 '샤방샤방'은 제가 즐겨 부르는 노래입니다. '죽여주는(?) 미모'를 소망하는 흥 많은 아주미의 취향을 꿰뚫는 가사에 바쁜 아침이 흥겨워집니다.

아침 컨디션은 그날의 기분을 좌우합니다. 퉁퉁 붓고 푸석푸석한 얼굴이 반가울리 없잖아요. 자고 일어나서 마주하는 자신의 얼굴이 못 마땅하다면 평소 생활습관이나 건강상태를 고민해봐야 합니다. 전날 과식을 하거나 충분한 시간 숙면을 취하지 못하면 얼굴은 쉽게 붓고 생기없이 칙칙해 보입니다.

환하고 맑은 피부, 붓기 없이 매끈하고 갸름한 얼굴을 위해서는 충분한 수분과 고른 영양소 섭취가 필수적이에요. 늦은 밤에는 맵고 짠 야식, 술을 삼가고 공복상태를 유지하는 것이 좋아요. 또한 자정 이전에 자고 8시간 정도 숙면을 취해 주는 것이 피부세포의 재생과 회복에 탁월하다고 해요.

저도 가급적 올바른 식습관과 규칙적인 생활을 하려고 합니다. 하지만 나이는 속일 수 없나 봅니다. 몸의 대사기능이 떨어지면서 생기는 붓기와 노화에 따른 피부 탄력 감소는 쉽게 개선되지 않아서 늘 고민거리가 됩니다.

특히 하루 다르게 무너지는 얼굴 라인은 운동이나 홈케어로 관리가 쉽지 않아요. 그래서 저는 '아로셀 보토기 V라인 마스크'로 무너진 턱선과 처지는 볼살을 관리하고 있습니다. 오직 마스크에 사용하기 위해 개발된 특수원단이 귀부터 턱라인을 탄탄하게 잡아 주는 특수소재 마스크예요.

잘 때 착용하면 편안하게 얼굴에 밀착되어 팽팽한 텐션감과 함께 시원한 쿨링효

과를 느낄 수 있습니다. 원단전문회사와 협업으로 연구개발한 특수원단 안에는 얼굴의 윤곽과 탄력 증진에 도움을 주는 유효성분들이 담겨 있습니다.

피부투과형 보툴리눔 성분이 피부의 팽팽한 탄력을 잡아 주고 PPC(포스파티딜콜린), 글라우신, 카페인이 슬리밍 케어까지 두루 챙길 수 있습니다.

아로셀의 피부투과형 보툴리눔 성분은 세계 7개국에서 특허를 받은 독자적인 기술이에요. 첨단 바이오 과학의 수혜로 탄생한 성분은 주사기 없이도 보툴리눔의 유효성분을 피부 진피층까지 흡수시킬 수 있게 해줍니다.

한 번 개봉한 마스크는 유효성분을 최대용량 함유하고 있어 장시간 착용해도 마르지 않습니다. 또한 피부에 최적화된 텐션원단 특유의 탱탱하고 시원한 감촉이 끝까지 지속되기 때문에 자는 동안 사용해도 불편이 없다는 장점이 있습니다.

"휴일 없는 미모를 위해
휴일 없이 관리합니다"

저는 매일 아침 홈케어 루틴을 차근차근 단계별로 진행합니다. 밤새 잠든 피부세포를 깨우듯 부드럽게 하지만 부지런히 손을 움직입니다. 클렌징부터 기초스킨케어까지 일상적인 관리지만 마음가짐만큼은 전문 에스테틱 관리를 받듯 합니다.

피부에 자극을 주지 않도록 손끝으로 살살 거품을 내서 세안을 하고 모공 하나까지 정돈한다는 생각으로 피부결을 정돈하고 젊음을 채우듯 앰플을 바르고 수분막을 씌우듯 크림을 발라 줍니다. 기초스킨케어에 정성을 쏟는만큼 피부도 생기가 돌고 당연히 화장도 잘 먹는 것 같습니다.

이런 사소한 관리가 피부 컨디션을 좌우한다는 사실을 알기까지 많은 시간이 걸렸습니다. 수많은 시행착오를 겪으며 경험을 통해 얻은 저의 스킨케어 노하우는 '성실'입니다. 비싼 고급 관리 한 번보다 직접 관리하는 홈케어를 매일 반복하는 것이 더 확실한 것 같아요.

군살 없이 매끈한 V라인 얼굴 관리도 똑같아요. 순환과 배출을 촉진해 붓기를 줄이고 처진 피부를 탱탱하게 끌어 올려주는 노력, 이런 관리를 꾸준히 반복하는 '성실함'이 세월 앞에 당당한 미모를 지켜준다고 저는 믿습니다.

갸름한 동안얼굴! 홈케어로 얻는 승리의 'V'

"굴욕 없는 미모는 결코 무너지지 않습니다"

몸도 마음도 젊게 살고 싶습니다. 어른이 된다는 것은 선택의 자유와 함께 무거운 책임감을 갖고 사는 것이라고 합니다. 그래서 선택에 조금 더 신중하게 되는 것 같아요. 하지만 이런 책임감이 지나치면 삶의 여유를 잊은 채 건조하고 각박한 일상을 반복하며 늙어가게 됩니다.

세상의 다양한 면면을 온전히 즐기지 못하고 앞만 보고 달려온 삶을 요즘은 '노잼 인생'이라고 하더라고요. 1인 미디어 시대가 열리면서 누구나 좋아하는 일을 하며 자신의 인생을 즐길 수 있게 됐잖아요. 조금만 용기를 내면 즐겁고 재미있는 일을 할 수 있는데 나이가 주는 권위나 체면에 연연할 이유가 있을까요?

저는 요즘 틱톡의 매력에 푹 빠져 지내고 있습니다. 40대가 되어서야 제 안에 숨겨진 '흥부자 본능'을 마음껏 발산하는 중입니다. 386세대 아주미에게 영상콘텐츠 제작은 그 자체가 낯선 경험이에요. 중학생 딸의 도움이 제일 컸고 지금은 딸과 둘도 없는 단짝이 되어 재미있게 즐기고 있습니다.

제 콘텐츠가 좋은 반응이 있으면 정말 기분이 좋아요. 아주미 크리에이터의 열정으로 더 재밌는 영상을 만들고 싶은 욕심도 자꾸 커집니다. 그리고 저도 모르게 외모에 신경을 쓰게 됩니다. 영상 속 제 모습이 조금 더 예뻐 보이고 싶은 마음 때문이에요.

영상은 표정과 행동 하나하나를 다 담아내는 콘텐츠잖아요. 웃음과 재미를 나누고 싶어서 시작한 일이지만 예쁨은 포기가 안되는 것이 여자의 마음인가 봅니다. 그래서 요즘은 홈케어로 작고 갸름한 얼굴을 만드는 방법을 연구하고 있습니다.

홈에스테틱 시대잖아요. 기술의 발달로 성능 좋은 화장품이 너무 많아졌습니다. 이제는 집에서도 V라인을 되찾을 수 있다고 해요. 탱탱하고 화사한 피부는 물론 갸

름한 V라인까지 홈케어로 가꿀 수 있다니 무척 놀라웠습니다.

최근 제가 사용 중인 '아로셀 보토기 V라인 마스크'는 얼굴의 붓기과 군살을 잡아주는 홈케어 아이템입니다. 전문원단회사와 협업을 통해 독자적인 기술로 개발한 텐션원단이 턱과 볼의 처짐을 예방하고 원단에 함유된 유효성분이 피부의 처짐과 붓기를 완화시켜 주는 기특한 홈케어 제품이에요.

귀에 걸어서 착용하는 마스크는 특수소재 원단으로 제작되어 얼굴에 밀착되는 반면 불편함 없습니다. 오히려 탱글탱글한 수분감과 시원한 쿨링감이 장시간 유지되기 때문에 잘 때 수면팩 대신 사용하면 잠이 솔솔 쏟아져요.

한 장의 텐션 마스크 안에는 보톡스의 주성분인 보툴리늄 톡신과 슬리밍에 도움을 주는 PPC(포스파티딜콜린), 글라우신, 카페인 등이 함유되어 있습니다. 특허받은 기술로 제작된 피부투과형 보툴리늄 성분은 피부 속 깊은 곳까지 침투합니다.

텐션원단이 피부를 당겨 주고 보톡스 성분이 본연의 탱탱함을 증진. 다수 슬리밍 성분이 지방분해까지 촉진해 주는만큼 효과는 탁월합니다. 밤에 마스크를 착용하고 자면 다음 날 갸름해진 V라인 얼굴을 확인하실 수 있어요. 아침에도 굴욕 없는 미모를 자랑할 수 있으니까 하루의 시작이 상쾌해집니다.

"몸매를 위해 발로 뛰고 피부를 위해 손을 움직입니다"

저는 '철들지 않는 미모'를 갖고 싶다는 말을 자주 합니다. 생각도 외모도 어리게 관리하고 젊게 유지하면서 조금 더 밝고 유쾌한 주부로 나이들고 싶습니다. 세월이 준 경험을 교훈 삼아 더 열정적으로 새로운 일에 도전하며 젊고 예쁘게 늙어가는 것이 저의 꿈입니다.

빨리 철든 아이가 빨리 어른이 되는 것이 아니잖아요. 반대로 원치 않아도 어른으로 살아지는 것이 삶입니다. 누구에게나 인생은 한 번 뿐이고 벌어질 일은 언제든 일어나는 것이 인생이라면 생각만큼은 가볍고 단순해도 좋지 않을까 싶습니다.

살찌지 않는 예쁜 몸매를 위해 운동하고 100세까지 건강한 삶을 꿈꾸며 좋은 음식을 섭취하는 주부. 그리고 조금 더 젊고 아름다운 여자로 살기 위해 좋은 화장품을 발굴하고 홈케어를 연구하는 아줌마의 일상은 모두 '행복한 삶'이라는 단순한 이유에서 비롯합니다.

복잡하게 생각하며 고민하고 주저할 시간에 당장 할 수 있는 '행복'을 하나 실천해 보세요. 가까운 공원 산책이라도 좋습니다. 수십가지 생각보다 한 번의 실천이 더 확실한 결과를 가져 옵니다. 변화는 행동하는 사람에게 찾아오는 선물이니까요. 모두 예쁨을 실천하는 하루가 되시길 바랍니다.

기분따라 상황따라 자유자재! '맞춤형 홈케어' 비법 노트

"편식하지 않는 홈케어가 피부를 풍요롭게 합니다"

오늘 저녁 메뉴는 정하셨나요? 주부가 되고 가장 자주 하는 걱정이 '밥 걱정'인 것 같습니다. 삼시세끼를 챙기느라 항상 '오늘의 메뉴'만 고민하며 지냅니다. 성장기 남매 육아의 기본이 건강이라고 생각하는 아주미라서 그런가 봅니다.

아이들의 성장과 건강에 골고루 먹는 영양관리가 중요한 것처럼, 40대 주부의 홈케어도 피부의 각 문제를 집중적으로 관리하는 맞춤관리가 필요합니다. 30대 이후부터 빠르게 진행되는 피부노화의 징후는 여러가지 형태로 나타나기 때문이에요.

피부의 건강 상태는 '수분, 모공, 탄력, 미백, 주름' 5가지 요소로 점검해 볼 수 있습니다. 나이를 먹을수록 메마르고 푸석해지기 시작하는 피부는 점점 탄력이 감소하면서 모공 확장과 피부트러블을 유발합니다.

또한 거뭇거뭇한 기미나 주근깨가 심해지고 탱탱했던 피부의 탄력이 감소하면서 점점 깊은 주름으로 발전하곤 해요. 피부의 건강과 젊음을 지키려면 이런 노화의 징후를 종합적으로 해결할 수 있어야 합니다.

저는 피부가 예민하지 않은 반면 수분 부족에 의한 각질, 주름, 속건조가 심한 편입니다. 그래서 항상 피부가 푸석푸석하고 피곤해 보였어요. 아울러 다이어트로 인한 탄력 감소와 주름도 무시할 수 없는 고민거리였습니다. 보다 집중적인 관리의 필요성을 느끼면서 '홈케어'를 시작하게 된 건데요.

값비싼 피부과와 에스테틱 관리가 부담스러웠던 만큼 전문가 못지 않은 홈케어를 완성시켜보자 다짐하며 달려온 1년이었습니다. 작년부터 정말 부단히 화장품을 테스팅하고 연구하며 저만의 루틴을 찾는데 열을 올렸어요.

"매끈한 광채로 피부 젊음을 말합니다"

저자극 고수분 함량 기초제품을 발라가며 유효성분을 잘 흡수할 수 있는 피부 환경을 조성하는 데서 시작했습니다.

우선은 피부 속 유·수분 밸런스를 맞추며 피부 장장벽강화에 힘썼어요. 피부의 대사작용이 활발해지고 각질의 탈락과 세포의 재생이 이뤄지는 피부의 '턴 오버 주기'가 정상화되면 보다 확실한 홈케어 효과를 느낄 수 있게 됩니다.

기초관리는 '곰돌이패드→타임앰플→밀키크림→아이앤넥수퍼파워크림' 순서로 관리합니다. 세안 후 건조해진 피부를 약산성 토너로 잔여 노폐물과 각질, 피지를 제거하고 촉촉하게 피부결을 정돈하는 토너관리, 세계 유일의 회춘 단백질과 주요 보습 인자를 피부 속 깊이 채워 주는 앰플관리, 속건조와 겉보습을 챙기는 크림관리, 피부가 얇고 건조한 눈가와 목 관리로 이루어진 루틴이에요.

이 기초관리 루틴이면 종일 당김없이 촉촉한 피부 상태가 유지되니까 얼굴에 은은한 물광과 탄력이 생기기 시작하더라고요. 물론 이전보다 화장도 잘 먹고 기능성 화장품의 효과도 확실해진 기분이 듭니다. 그리고 지금은 다양한 피부 고민을 해결해 줄 화장품 조합을 하나씩 개발해 내고 있습니다.

피부도 음식처럼 골고루 다양하게 즐겨야 제 맛이죠. 누구나 모공 하나 없이 매끄럽고 환한 도자기 피부를 꿈꾸지만 그날그날 조금 더 신경 써서 관리하고 싶은 피부 고민거리가 있잖아요. 그래서 저는 저의 기본루틴에 여러 기능성 화장품을 조합하여 '맞춤형 관리'를 합니다.

"오늘의 나를 예뻐지게 만드는 마법의 조합을 연구합니다"

평소보다 피곤하고 얼굴이 푸석한 날은 기초케어 다음 마사지를 합니다. '아이앤

넥 슈퍼크림'을 눈과 목에 '비브이랩 셀룰라 바디 퍼밍크림'을 어깨에 넉넉히 바른 다음 롤러로 마사지를 해줍니다. 뭉친 근육이 풀리고 림프순환이 좋아지니까 얼굴에 붓기도 덜하고 몸 상태도 가벼워지는 것 같아요.

마사지가 끝난 다음에는 '보토기 브이라인마스크'를 착용하고 잠을 청하기도 합니다. 목과 어깨의 긴장을 풀어주는 것만으로도 얼굴의 탄력과 붓기개선에 도움이 되지만 마스크 관리를 병행하면 조금 더 확실한 결과를 기대할 수 있어요. 시원한 마스크가 밤새 턱선을 당겨주고 마스크에 담긴 유효성분이 슬림한 라인관리를 도와주기 때문이에요.

중요한 일정이 있는 날은 전날 밤부터 <기미스틱+탱탱콜라팩> 조합을 활용합니다. 기초케어 다음 단계에서 '탱탱콜라팩'을 더해 줍니다. 기미나 주근깨가 거슬리는 날은 팩 전 단계에 '기미지우개 비타민스틱'을 바른 다음 팩을 해요. 한 번의 관리만으로도 피부톤이 밝아지고 촉촉한 물광과 탄력이 생기기 때문에 늘 감동하는 '양쥐의 최애 꿀조합'이기도 합니다.

이 밖에도 외출 중 건조한 피부를 위한 '곰돌이패드 3분팩', 딸과 함께 하는 <밀키크림+비타민스틱> '미백관리' 등 깨알 같은 조합까지 아무리 좋은 화장품도 어떻게 바르고 얼마나 활용하느냐에 따라 결과가 천차만별이라는 사실을 요즘 부쩍 실감하고 있네요. 무조건 발라보고 효과만 이야기하던 홈케어 초보였지만 이젠 제법 화장품 좀 써 본 아주미 티를 낼 수 있을 것 같습니다.

일상처럼 화장품을 테스팅하고 더 확실한 효과를 안겨주는 좋은 조합을 찾는 아주미의 뷰티 다이어리는 늘 '무에서 유를 창조'합니다. 그리고 언제나 여자의 행복과 건강을 향합니다. 아직 해보고 싶은 것들이 더 많고 더 좋은 화장품과 더 확실한 결과를 찾는 아주미의 홈케어 일상은 오늘도 '열일 중'입니다.

꽃줌마 양쥐언니의 기초스킨케어 루틴

1단계 클렌징

아침 : '마시멜로우 클렌저' 물세안

저녁 : '순둥이패드' 메이크업 클렌징 → '마시멜로우 클렌저' 물세안

2단계 기초스킨케어

'곰돌이패드' 피부결 정돈 → '타임앰플' 영양관리 → '밀키크림' 보습관리

3단계 맞춤형 집중관리

아침 : '곰돌이패드' 피부결 정돈 → '타임앰플' 영양관리
→ '밀키크림' 보습관리 → '아이앤넥 슈퍼파워크림' 수분·주름관리

저녁 : '곰돌이패드' 피부결 정돈 → '타임앰플' 영양관리 → '밀키크림' 보습관리
→ '아이앤넥 슈퍼파워크림' 수분·주름관리 → '비타민C 기미스틱' 미백관리
→ 수면팩 '탱탱콜라팩' 탄력·수분·미백관리 OR '보토기 브이라인 마스크'
턱선 및 얼굴라인 관리

피부노화 철벽방어! '인 앤 아웃' 동안 홈케어

"피부에게 '예쁨' 종합선물세트를 선물합니다"

세월을 잊은 아름다움 무엇일까요? 저는 실제 나이보다 어려 보이는 '동안 페이스'를 먼저 떠올리게 됩니다. 과학기술의 발달과 함께 젊음을 되돌려 주는 의료기술 및 미용시술이 너무 많아진 탓인 것 같아요.

오밀조밀한 이목구비와 탱탱하고 매끈한 피부, 잡티 없이 맑고 환한 피부결까지 동안을 결정짓는 외적 요소는 다양합니다. 원래는 타고난 것들이지만 노화와 함께 잃기 쉬운 것들이죠. 그래서 우리는 타고난 예쁨을 잃지 않기 위해 노력하고 좋은 화장품을 발라가며 잃어버린 젊음을 되찾고자 애쓰는 것 같습니다.

여자의 피부는 20대 중반부터 노화가 시작된다고 합니다. 서서히 피부의 재생능력이 떨어지고 탄력이 감소하면서 잡티와 모공, 잔주름 등을 고민하게 됩니다. 때문에 피부의 기초장벽을 튼튼하게 만들어 외부자극에 따른 손상을 최소화하고 선크림이나 아이크림 등을 매일 발라가며 피부 노화를 최소화하는 건데요.

중년의 문턱을 넘어 40대가 되고 보니 관리의 중요성을 더욱 확실히 알 것 같습니다. 작년부터 직접 화장품을 공부하고 직접 테스팅하며 저만의 홈케어 루틴을 연구해왔습니다. 원래 피부가 타고나게 좋은 편은 아니었지만 떨어지는 탄력과 깊어지는 주름, 생기를 잃은 혈색만큼은 되돌리고 싶다는 바람이 컸습니다.

확실한 효과와 믿을 수 있는 성분을 고민한 끝에 바이오화장품 브랜드 '아로셀'로 저의 첫 번째 홈케어를 시작하게 됐습니다. 좋은 화장품만으로도 피부는 예뻐지더라고요. 그리고 좋은 화장품만큼 중요한 것이 피부 상태에 맞는 적절한 제품 조합과 꾸준한 관리루틴이라는 것을 알게 됐습니다. 아울러 피부에 유익한 성분을 평소 꾸준히 먹어주는 '이너뷰티'의 필요성을 알아가는 중입니다.

"맑은 몸, 깨끗한 혈관, 건강한 세포 = 동안피부"

이너뷰티란 내면을 아름답게 가꾸는 관리를 총칭하는 말인데요. 피부의 건강과 활력을 지켜주는 관리 역시 외면과 내면을 동시에 가꿀 때 그 효과가 지속되는 것 같아요. 특히 피부 속 진피층의 탄력세포나 촉촉한 수분, 맑고 환한 안색은 내면의 관리가 미치는 영향이 크다고 생각합니다.

결국 젊음과 미모를 지켜주는 홈케어란 먹고 바르는 모든 것이 아닐까 합니다. 밖에서 좋은 화장품을 발라주고 안으로는 피부에 좋은 성분을 섭취하는 관리를 병행하는 거예요. 잘 먹고 운동해야 건강이 지켜지는 것처럼 피부도 '외면과 내면의 조화'가 이뤄질 때 예뻐질 수 있습니다.

실제로 바르는 것만큼 중요한 것이 먹는 것입니다. 흔히 피부건강을 위해서는 자주 물을 마시고 비타민와 미네랄이 풍부한 과일과 채소를 섭취하라고 하잖아요. 때문인지 최근 몇 년 사이 피부 건강에 도움이 되는 이너뷰티 제품이 참 다양해진 것 같아요.

저는 피부를 위해 효소와 콜라겐을 먹습니다. 자연식품으로 한 번에 섭취하기 힘든 유효성분을 고함량으로 담아낸 만큼 간편하게 피부에 도움이 되는 영양소를 보충할 수 있어서 참 좋아요.

칙칙하고 푸석한 안색개선과 울긋불긋 올라온 뾰루지 등의 피부 트러블은 바지오위라이크 효소로 관리합니다. 국내 최고의 발효효소 명장 전진성 대표가 수십년의 연구 기술을 집약해 만든 천연원료 100% '통곡물 발효 효소'입니다. 음식물을 잘 소화할 수 있는 위장환경을 조성해 몸의 대사기능을 높이고 체내 독소배출을 도와주는 만큼 피부도 맑고 환해지는 것을 느낄 수 있습니다.

콜라겐은 피부 속 탄력을 담당하는 콜라겐을 주성분으로 피부환경을 윤택하게 가꿔주는 성분을 다수 함유하고 있습니다. 피부 속 수분과 탄력증진에 도움을 주는 히알루론산, 엘라스틴, 글루타치온을 비롯해 프락토 올리고당과 셀렌, 아연 등의 영양성분을 더해 종합적인 건강관리를 도와줍니다.

"여자는 피부로 자신의 모든 것을 말합니다"

감정은 표정으로 드러나고 내면의 건강은 피부로 드러납니다. 좋은 생각을 하고 깨끗한 음식을 먹고 건강한 몸을 가꾸는 자체가 곧 피부의 젊음을 유지하는 비결이라고 할 수 있습니다.

좋은 기운과 성분을 온전히 내 몸에 흡수하는 능력도 자기관리라고 생각합니다. 하지만 현실의 삶은 온전히 나를 돌볼 시간을 쉽게 허락하지 않죠. 한 여자이기 이전에 누군가의 딸이고 아내이고 엄마인 까닭입니다.

하지만 이 모든 이름을 가지고 있기 때문에 오늘이 행복할 수 있다는 것을 저희는 너무 잘 알고 있잖아요. 그래서 저는 '조급하지 않게! 조금씩 천천히!'를 당부하고 싶습니다.

더 건강하고 아름답게 살아가고 싶은 여자의 욕심은 끝이 없다고 하잖아요. 하루 10분이라도 일주일에 한 두 번이라도 관리하는 그 자체에서 휴식을 얻고 행복을 느낄 수 있다면 그것이 진정한 '홈케어의 즐거움'이 아닐까 싶습니다. 오롯이 나를 만나는 시간으로 젊음도 지키고 지친 마음까지 달래기! 오늘 저의 뷰티 일기장에 이 한 마디를 적어 봅니다.

양쥐언니의 '인 앤 아웃' 홈케어 루틴 총정리

낮

메이크업 클렌징(손바닥클렌징패드) → 세안(마시멜로우 클렌저)
→ 결정리, 수분공급(곰돌이닦토패드) → 노화 및 회춘관리(타임앰플)
→ 보습관리(밀키크림) → 재생 및 탄력관리(탱탱콜라팩 또는 보토기브이라인마스크)
→ 핑크톤업선크림 → 이너뷰티(바지오 위라이크 효소1포, 바지오데이 2알)

밤

이너뷰티(바지오 위라이크 효소1포, 콜라겐 젤리, 바지오데이 2알)
→ 메이크업 클렌징(손바닥클렌징패드) → 세안(마시멜로우 클렌저)
→ 결정리, 수분공급(곰돌이닦토패드) → 노화 및 회춘관리(타임앰플)
→ 보습관리(밀키크림) → 미백관리(기미지우개비타민스틱)
→ 셀프 지압 및 마사지(슈퍼파워크림 넥앤 아이)
→ 재생 및 탄력관리(탱탱콜라팩 또는 보토기브이라인마스크)

중력을 잊은 피부 젊음! 콜라겐 충전은 필수

"'처짐'과 '꺼짐' 없는 무중력 미모를 소망합니다"

노화의 시계를 멈출 수는 없을까요? 세월과 중력의 영향으로부터 피부를 지킬 수 있는 확실한 방법을 찾는 40대 주부입니다. 늦둥이 외동딸로 태어나 일찌감치 유학생활을 시작했고 음대를 졸업하고 직장생활을 하며 20대가 훌쩍 지나갔습니다.

결혼을 하고 임신과 출산을 하면서 자연스럽게 주부의 일상에 적응하며 또 10여 년이 훌쩍 지났네요. 평범하기 그지 없는 삶이지만 저에게는 한 편의 드라마 같은 시간이기도 합니다. 특히 출산 이후부터는 온전히 살림과 육아에 집중하며 지냈어요. 똑같은 일상의 반복이지만 비교적 안정적인 생활을 하며 딱히 힘들단 생각을 해 본적이 없었습니다.

첫출산과 첫육아는 당연히 서툴고 어려울 수 밖에 없다고 여겼고 살이 찌고 피부가 푸석푸석해지는 것도 그저 자연스러운 변화라고 받아들였습니다. 워낙 단순한 성격탓에 '다들 그러고 산다'고 생각했던 것 같기도 해요.

누구보다 '자신을 사랑할 줄 아는 여자'라고 생각하며 살았습니다. 하지만 현실육아에 집중한 동안에는 저 자신을 돌볼 생각조차 하지 않고 지냈던 것 같네요. 그러다 30대 후반에 출산 후에도 꾸준한 관리로 결혼 전 미모를 유지하는 친구를 보고 자극을 받았습니다. 몸매부터 피부까지 '당연한 것'은 없다는 생각에 저도 자기관리를 시작했습니다.

올해로 6년 째 저만의 루틴으로 피부와 몸매를 가꾸고 있습니다. 저의 관리는 주로 집에서 이루어집니다. 일하고 살림하는 워킹맘이다 보니 가급적 시간과 비용을 아끼면서 확실한 효과를 얻고 싶더라고요. 그래서 홈트레이닝과 홈케어로 직접 관리를 하면서 이너뷰티 제품을 꼭꼭 챙겨 먹고 있습니다.

최근 몇 년 사이 '먹는 뷰티 아이템'이 참 많아졌어요. 콜라겐도 그 중 하나입니다.

콜라겐은 피부탄력에 좋은 성분으로 알려져 있죠. 돼지껍데기와 닭발에 소량 함유되어 있던 콜라겐을 이젠 고함량으로 섭취할 수 있게 됐습니다. 아울러 흡수력까지 높여 더욱 확실한 효과를 보장합니다.

저는 '이너라운드 타트체리 콜라겐'으로 부족한 피부 속 콜라겐을 보충합니다. FDA, FSSC22000, HALAL, KOSHER, SGF 등 전 세계 5대 인증을 보유한 콜라겐 젤리예요.1회 분량의 콜라겐에는 초저분자 피쉬 콜라겐 3,000mg이 함유되어 있습니다.

하루 한 포만으로도 콜라겐 1일 권장량에 해당하는 콜라겐을 섭취할 수 있어요. 뿐만 아니라 '신이 주신 열매'라고 불리는 타트체리 농축액을 60% 함유. 블루베리 농축액을 추가해 맛과 향은 물론 영양까지 두루 챙길 수 있습니다.

터키산 몽모랑시 타트체리의 달지 않고 상큼한 풍미가 우수하기 때문에, 콜라겐의 비린맛을 싫어하는 분들에게 추천하고 싶어요. 젤리스틱 타입으로 제작되어 휴대하기 좋고 탱글탱글 쫄깃하게 씹는 식감이 뛰어나서 질리지 않고 맛있게 즐기고 있습니다. 아무리 좋은 영양제도 먹기 번거로우면 손이 가질 안잖아요. 어디서든 맛있게 먹으면서 피부건강까지 돌볼 수 있으니 일석삼조라고 해야 할까요?

"잠든 피부세포를 깨워 세월의 흔적을 지웁니다"

얼굴 근육도 자주 사용하지 않으면 굳고 수축되어 퇴화한다고 해요. 그래서 전문가들은 자주 입꼬리를 올리며 웃고 예쁜 표정을 짓는 연습을 하라고 조언합니다. 얼굴 근육도 적당한 긴장과 이완을 반복해야 늙지 않는다는 이야기인 것 같습니다.

화나도 인상쓰지 않기
예쁜 표정짓고 셀카찍기
거울 속 나를 향해 미소짓기
하루 한 포 콜라겐 보충하기
매일 효소로 몸 속 독소배출하기

요즘 제가 실천 중인 예뻐지는 생활습관입니다. 종종 신나게 웃다가 눈가주름이 생길까봐 조심할 때가 있잖아요. 과도한 표정이 주름이 원인인건 맞지만 무표정은 얼굴근육을 약하게 만든다니 적당한 안면운동도 필요한 것 같아요. 그래서 피부 건강에 도움을 주는 이너뷰티제품을 꼭꼭 챙겨 먹으면서 가급적 예쁜 표정을 짓는 습관을 가져 보려고 합니다.

'악플보다 무서운 것이 무플'이라는 어느 연예인의 말이 떠오릅니다. 피부도 몸매도 관심 속에서 더 예뻐지고 건강해집니다. 나 자신을 사랑하는 노력도 '나 자신을 향한 관심'에서 시작하는 것처럼 탱탱한 피부 젊음도 잠든 세포를 깨우는 데서 비롯한다고 말씀드리고 싶습니다. 젊음과 아름다움은 관리하는 만큼 얻어진다는 사실을 잊지 마세요.

리즈갱신! 젊음을 지켜 주는 이너뷰티 아이템

"10년 전 미모를 꿈꾸며 10년 후 피부를 관리합니다"

여러분의 리즈시절은 언제인가요? 인생에 가장 아름다웠던 시기를 '리즈시절'이라고 부릅니다. 부모님의 젊은 시절 사진을 보면 몰라보게 멋지고 예쁜 모습에 감탄하게 되는데요. 바로 그런 '멋지고 젊은 시기'를 인생의 리즈시절이라고 부르는 것 같습니다.

지금 저에게 리즈시절을 꼽으라면 아마 '지금'이라고 대답하지 않을까 싶습니다. 두 아이를 출산하고 벌써 40대 문턱을 넘긴 평범한 아줌마지만 저는 지금의 제 모습이 가장 예뻐 보이는 것 같아요. 옛날 사진을 보면 얼굴은 훨씬 젊지만 지금 같은 건강미는 찾아보기 힘들어요.

20대에는 관리의 중요성을 알지 못했습니다. 지금만큼 날씬하지 않았고 진한 화장으로 실제보다 더 나이들어 보이기도 해요. 조금 과장을 보태면 40대가 된 지금이 더 예쁘고 세련된 느낌이라고 해야 할까요?

평소 10년 더 젊고 건강한 인생을 추구하는 저는 홈케어와 이너뷰티관리로 피부의 젊음을 지키고 있습니다. 밖으로는 피부의 재생과 안티에이징에 탁월한 바이오 화장품을 발라 주고 안으로는 콜라겐과 효소 등의 이너뷰티 제품을 섭취해 가며 몸에 부족한 성분을 보충합니다.

특히 먹는 콜라겐은 원료와 품질, 성분함량을 꼼꼼히 살펴가며 엄선해서 섭취합니다. 체내 콜라겐은 25세 이후부터 감소하기 시작해 40대 이후에는 절반이상 줄어든다고 해요. 중년 이후 급격히 피부의 탄력이 떨어지는 것도 이 때문이라고 합니다.

콜라겐은 단백질을 구성하는 요소 중 하나로 피부와 뼈, 관절 건강에 영향을 미치는 성분입니다. 또한 엘라스틴, 히알로론산과 함께 피부의 탄력과 수분에 결정적인 역할을 하는 요소로 손꼽히고 있습니다. 그래서 저는 체내에 부족한 콜라겐을 '이너라운드 타트체리 콜라겐'으로 보충하고 있습니다.

이너라운드 타트체리 콜라겐은 체내 흡수율 300da의 초저분자 피쉬콜라겐 3,000mg을 함유한 콜라겐 젤리입니다. 육류 콜라겐에 비해 흡수력이 뛰어난 피쉬콜라겐을 고농축, 고함량으로 간편하게 섭취할 수 있어서 꾸준히 섭취하고 있습니다.

젤리 스틱 타입으로 제작된 콜라겐은 말랑말랑한 식감과 상큼한 맛이 뛰어나 간식 대신 먹기 좋아요. 터키산 몽모랑시 타트체리 농축액과 미국산 블루베리를 함유해 콜라겐이 지닌 비린맛 없이 맛있게 즐길 수 있습니다. 또한 아연, 셀렌을 비롯한 12종의 비타민과, 8종의 미네랄을 함유해 종합적인 영양관리를 도와 줍니다.

"작은 습관의 차이가 평생을 만들고
사소한 관리가 젊음을 지켜 줍니다"

본연의 아름다움이 중시되면서 '탄탄하고 날씬한 몸매'와 '가벼운 피부표현'이 사랑받고 있습니다. 있는 그대로의 모습이 젊고 건강한 '진또배기' 미모는 하루 아침에 얻어지지 않아요. 운동과 식단, 피부관리 등 꾸준한 관리를 성실히 반복해야 유지되는 노력의 결실이라고 말할 수 있습니다.

저도 30대 중반부터 운동과 식단으로 자기관리를 지속해 왔습니다. 그만큼 젊음과 건강에는 자신이 있었던 것 같아요. 하지만 세월 앞에 가속도가 붙는 피부노화로 인해 40대부터는 홈케어와 이너뷰티를 병행하며 집중적인 피부관리를 결심하게 됐습니다.

노화의 흔적이 가장 먼저 드러나는 부분이 바로 피부인 것 같아요. 탄력이 감소하고 주름이 생기기 시작하면 비로소 '늙고 있구나'라고 실감하게 됩니다. 때문인지 중력의 법칙을 거스르는 탱탱하고 매끈한 동안피부를 소망하며 더 열심히 피부관리에 열을 올리고 있네요.

공든 탑은 무너지지 않는다고 합니다. 바쁜 일상 속에서 챙기는 틈새 관리지만 그 정성과 노력은 공든 탑을 쌓는 마음과 같다고 생각합니다. 젊고 건강한 삶을 위해 진심을 다해 나를 사랑해주기! 오늘은 피부의 건강과 젊음으로 일기를 마무리해 봅니다. 오늘도 건강하세요.

뷰티 미식가, 이너뷰티 '콜라겐'을 탐닉하다

"젊음을 탐구하며 뷰티를 미식합니다"

SNS에 뷰티일기를 기록한 지 벌써 3년이 훌쩍 지났습니다. 평범한 아줌마의 일상을 향한 공감과 응원에 힘이 났고 그 관심에 보답하려고 더 열심히 살 수 있었던 것 같아요. 어느덧 마흔의 문턱을 넘겼지만 이전보다 젊고 건강해진 제 모습을 보며 스스로 뿌듯해지곤 합니다.

SNS 일기장이 불러온 나비효과는 제 일상의 많은 부분을 바꿔 놓았습니다. 출산 후 망가진 몸매를 되찾고자 시작한 관리지만 지금은 홈케어와 이너뷰티를 총망라하고 있네요. 그리고 현재의 목표는 '100세까지 젊고 건강한 미모'를 향하고 있습니다.

때문인지 제품을 고르는 저의 선택 기준이 나날이 까다로워지는 것 같기도 합니다. 수년간 여러 회사의 화장품과 이너뷰티 제품을 접하면서 얻은 경험이 저의 안목을 한 단계 업그레이드해 준 것 같아요. 안전하고 순한 성분, 차별화된 기능과 확실한 효과, 합리적인 가격과 편의성까지 정말 두루두루 살피는 제 모습이 저도 새삼스럽습니다.

뷰티케어를 위해 먹고 바르는 것만큼은 유독 깐깐한 탓에 자신을 '뷰티 미식가'라고 소개합니다. 좋은 제품 중에서도 가장 좋은 제품을 찾으며 소문난 뷰티 맛집을 전전하는 아줌마에게 이보다 잘 어울리는 애칭이 또 있을까요? 저 자신의 건강과 젊음을 지키고 싶은 욕심이 큰 만큼 먹는 것 하나까지도 대충하고 싶지 않은 것 같습니다.

"몸속부터 되살아나는 진정한 젊음을 찾습니다"

다이어트와 스킨케어는 저의 주된 관심사입니다. 젊고 예쁘게 나이 들고 싶은 여자의 마음은 언제나 똑같아요. 그래서 더 열심히 운동하고 틈틈이 홈케어를 하며 외모를 가꾸고 건강관리를 합니다. 다만 나이가 들수록 체력과 건강을 더 신경 쓰게 됩니다.

해가 갈수록 신체기능과 체력이 떨어지기 때문인데요. 몸의 노화를 실감할수록 이너뷰티에 관심이 생기더라고요. 체내 부족한 각종 유효성분을 섭취하는 관리로 외면의 아름다움과 내면의 건강까지 돌볼 수 있으니까 한결 마음이 놓입니다.

효소와 유산균, 콜라겐은 제가 가장 애용하고 있는 이너뷰티 아이템입니다. 그 중 콜라겐은 피부 건강과 밀접한 관련을 지닌 성분이라 가급적 '홈케어'하는 마음으로 꼬박꼬박 챙겨 먹고 있습니다.

'이너라운드 타트체리 콜라겐'은 피부는 물론 몸의 영양 밸런스와 면역기능까지 지닌 제품이라 종합영양제처럼 섭취합니다. 초저분자피쉬콜라겐을 젤리 타입으로 제작해서 맛있게 먹고 있어요.

콜라겐 젤리 한 포는 3,000mg의 콜라겐 외에도 면역과 건강을 위한 아연, 셀렌, 미네랄 8종과, 비타민 12종을 함유하고 있어요. 터키산 몽모랑시 타트체리 60%에 미국산 블루베리 농축액을 추가해 상큼한 맛과 원재료의 영양을 섭취할 수 있고, 설탕, 과당, 합성향료, 착색료, 보존료, 인공색소 등을 첨가하지 않아서 더욱 신뢰가 갑니다.

"철옹성 같은 건강, 소나무 같은 젊음이 재산입니다"

건강도 젊음도 잃기 전에 잘 지키는 것이 중요합니다. 무너진 화장은 순식간에 복구할 수 있지만 한 번 잃어버린 건강과 피부의 젊음은 쉽게 회복하기 어렵기 때문입니다.

특히 내면의 관리는 지속적이고 꾸준해야 한다고 생각해요. 눈에 보이지 않는 만큼 그때그때 상태를 확인할 수 없잖아요. 반면 한 번 망가지면 몸의 컨디션과 외모로 바로 드러나는 탓에 지속적인 관심과 관리만이 답이 될 수 있습니다.

탄생이 있으면 죽음이 있듯, 노화 역시 지극히 자연스러운 삶의 일부라고 합니다. 하지만 그 안에 담긴 인생의 드라마는 개인마다 다르고 저마다 다른 속도로 흘러갑니다. 100세 시대 최고의 행복은 무병장수라고 하잖아요. 아프지 않고 건강하게 오래오래 행복하자는 인사로 오늘의 일기를 마무리합니다. ♡

젊음예찬! 몸 속부터 챙기는 '이너헬스'

“몸 속 젊음이 곧 시들지 않는 아름다움입니다”

‘패션의 완성은 얼굴’이라고 합니다. 그럼 젊음의 완성은 무엇일까요? 저는 ‘내면의 건강’이라고 말하고 싶습니다. 수년째 헬스 앤 뷰티로 소통하고 저를 관리하면서 얻은 경험이라고 해야 할까요? 진정한 아름다움은 내면과 외면을 동시에 관리해야 가질 수 있는 것 같네요.

롱런하는 건강과 젊음은 결국 몸 속 대사기능까지 건강할 때 얻어지는 것 같아요. 내면의 건강이 갖춰지지 않으면 진정한 젊음은 유지될 수 없습니다. 겉으로 드러나는 동안 외모는 성형이나 시술로도 충분히 관리가 가능해요. 하지만 내면에서 나오는 밝고 경쾌한 젊음의 에너지는 단순 시술이나 수술로 얻어지지 않습니다.

신체 각 부위의 기관이 원활하게 제 기능을 할 때 우리는 ‘건강하다’라고 말을 합니다. 몸도 기계와 같아요. 수명이 정해져 있고 오래 많이 쓸수록 낡고 망가집니다. 소중한 물건을 다루듯이 지속적으로 점검하고 관리해줘야 더 오래 쓸 수 있어요.

실제로 우리 몸은 나이가 들수록 주요 대사기능이 떨어집니다. 피부의 재생 속도가 예전 같지 않고 자주 피로를 느끼는 것, 소화력이 떨어지고 자주 속이 불편한 증상 등은 대표적인 대사기능의 저하에 따른 징후라 볼 수 있습니다.

신체기관의 기능이 떨어지는 것은 자연스러운 노화현상이라고 해요. 하지만 몸을 어떻게 관리하고 사용했느냐에 따라 노화도 개인차가 있다는 것은 부정할 수 없는 사실이에요. 외모와 마찬가지로 내면의 노화도 잘 관리하면 속도를 조금 더디게 늦출 수 있습니다.

때문인지 요즘 사람들은 ‘이너뷰티’에 관심이 많아요. 건강하고 아름다운 내면을 위해 섭취하는 영양제와 보조제를 총칭하고 있죠. 저는 몸 속의 기능을 회복시키는 모든 관리를 ‘이너헬스’라고 말하고 싶습니다. 신체 컨디션을 최상으로 끌어 올리는

관리잖아요. 몸 속 관리인만큼 건강에 더 초점을 맞추고 싶네요.

저도 수년째 이너뷰티에 신경쓰고 있습니다. 그 중 '효소'와 '콜라겐', '유산균'은 수 년째 저와 함께 하고 있는 이너뷰티 아이템입니다. 특히 효소는 나이가 들수록 더 애착을 갖고 챙겨 먹어요. 건강을 더 챙겨야 하는 40대가 되고 보니 효소의 효과가 더 확실히 느껴진다고 해야 할까요?

체내 효소는 우리 몸 속 세포가 활동을 돕는 역할을 합니다. 하지만 나이가 들수록 체내의 잠재효소도 줄어든다고 해요. 몸의 대사활동이 느려지고 만성피로와 붓기, 소화불량에 시달리는 이유도 효소부족이 원인일 수 있죠.

효소는 과로나 스트레스가 많을 수록 더 빠르게 감소하며 밀가루 음식을 소화분해 할 때 더 많이 소모된다고 합니다. 때문에 저는 체내에 부족한 효소를 외부에서 섭취해 채우고 있습니다. 수 년 동안 여러 효소 제품을 먹어 왔어요. 그리고 지금은 '바지오 위라이크 효소'를 매일 한 포 씩 섭취하고 있습니다.

바지오 위라이크 효소는 곡물발효 효소식품 업계의 1인자인 전진성 대표가 오랜 세월

연구해 개발한 곡물효소입니다. 국산 현미를 통발효 시킨 자연발효효소 제품으로 소화제 성분인 분리정제효소를 조금도 가미하지 않은 순수통곡물 발효효소예요.

과립형태의 효소는 합성착향료, 합성색소, 합성보존료, 정제효소, 정제설탕및소금, 일본산 원료 등을 전혀 사용하지 않은 순수하고 안전한 제품이에요. 세븐베리와 히비스커스, 레드비트와 유산균을 추가해 맛과 영양을 두루 챙길 수 있습니다.

상큼한 베리가 함유된 만큼 상큼한 맛과 향을 즐기며 맛있게 섭취할 수 있어서 더 좋아요. 기존의 곡물효소 특유의 맛과 향을 부담스러워 하셨던 분들이라면 정말 강력히 추천해 드리고 싶네요.

화장품도 피부에 잘 흡수되야 효과를 볼 수 있는 것처럼 몸도 베이스가 탄탄히 갖춰져야 몸매도 건강도 가꿔집니다. 그런 의미에서 효소는 관리를 잘 흡수할 수 있는 몸의 바탕을 다져주는 '부스터'라고 생각합니다.

흔히 걱정 없는 인생을 '속 편한 인생'이라고 말하죠. 잘 먹고 잘 소화하고 잘 배출할 수 있는 힘! 몸의 모든 대사기능을 원활한 상태로 되돌려 주는 효소로 맞이하는 일상은 가볍고 상쾌합니다.

개운한 아침, 상쾌한 일상의 활력을 통해 얻어지는 행복이 곧 건강한 인생의 시작이 아닐까요. 건강과 젊음은 언제나 함께 해요. 아름다움을 추구하는 아주미의 일상도 내면을 향합니다. 모두 건강하세요.

가벼운 몸을 가꾸는 기초 스텝 '효소 디톡스'

“몸 속 세포를 깨우면 젊음의 그린 라이트가 켜집니다”

관리의 시대를 살고 있습니다. 남녀노소 운동으로 다져진 탄탄한 몸을 선호하고 말끔한 이미지를 주는 외모를 추구합니다. 겉으로 드러나는 모습이 인생의 전부는 아니지만 첫인상을 결정짓는데 외모가 차지하는 비중은 적지 않아요.

때문인지 운동하는 모습이 자연스러운 풍경이 되고 있습니다. 취미나 여가로 레포츠를 즐기는 분들이 늘고 있고 운동복을 일상복처럼 입어도 이상하지 않아요. 계절을 불문하고 관리 열기가 지속되면서 ‘#운동하는여자(혹은 남자)’라는 해시태그도 SNS에서 어렵지 않게 발견할 수 있습니다.

저는 건강과 몸매관리를 위해 운동을 합니다. 체중유지와 체력관리, 건강관리와 젊음유지 등 운동의 장점은 셀 수 없이 많아요. 특히 탄탄하고 탄력있는 몸매와 군살없이 매끈한 보디라인은 오로지 운동으로 얻어지는 결실이죠.

특히 무더운 날씨로 신체노출이 잦아지는 여름은 어느 때보다 다이어트 열기가 뜨거워집니다. 다이어트라고 하면 흔히 운동과 식단을 먼저 떠올리기 쉽습니다. 하지만 관리에 앞서 먼저 살펴야 할 부분이 몸 속 대사기능이라고 말씀드리고 싶습니다. 소화와 흡수, 배출을 담당하는 체내 주요 기관의 활동이 원활하게 진행될 때 운동과 식단의 효과를 누릴 수 있습니다.

운동과 식단을 지켜도 살이 빠지지 않거나 운동을 시작하고 나서 오히려 몸이 아프고 무겁게 느껴진다면 몸 상태를 먼저 살펴야 합니다. 스트레스나 과로로 체내 대사기능이 떨어진 상태에서는 어떤 관리도 ‘노동’에 불과해요. 일단 외적인 관리를 잘 받아들일 수 있는 최소한의 몸 상태를 가꾸는 것이 중요합니다.

나이가 들수록 소화력이 떨어지고 몸의 회복력이 예전같지 않다는 것을 자주 느끼게 돼죠. 이런 대사기능은 체내에 존재하는 잠재효소의 감소와도 밀접한 관련이 있다고 합니다.

우리가 이너뷰티를 위해 효소를 섭취하는 것도 몸 속에 부족한 효소를 보충해서 소화와 흡수를 돕고, 몸 속에 쌓인 독소배출을 촉진하기 위함이에요. 효소는 몸 속에서 일어나는 세포의 모든 화학적 활동에 관여하는 물질이에요. 원래부터 몸 속에 존재하지만 나이가 들수록 생성량이 감소하기 때문에 건강보조제로 보충해 주는 거죠.

통곡물을 발효한 효소인 '바지오 위라이크 효소'는 국산 현미를 발효해 만든 천연 효소입니다. 곡물발효효소 분야의 최고 권위자이신 전진성 대표님의 회사에서 연구해 개발한 믿을 수 있는 제품입니다. 이는 통곡물을 발효한 효소는 성분의 파괴 없이 위장까지 살아서 활동하는 강력한 힘을 지니고 있습니다.

소화가 덜 된 음식이 장내에 오래 머물러 있으면 그 안에서 부패하면서 가스와 독소를 유발하는데요. 이때 우리는 복부팽만감과 소화불량, 복통 등을 느끼고 활동에 불편을 느끼죠. 곡물효소는 이런 소화기관의 활동을 촉진하고 장내 환경을 쾌적하게 가꿔 주는 역할을 해요.

음식물의 소화와 흡수가 잘 되기 때문에 종일 속이 편안한 상태로 유지가 됩니다. 또한 체내에 묵은 노폐물을 몸 밖으로 배출시켜 주니까 자연스러운 디톡스 효과를 얻을 수 있어요. 몸이 가벼워짐과 동시에 피로감이 개선되고 피부톤이 맑아지는 변화도 느끼고 있습니다.

하루 1포 섭취하는 위라이크 효소는 과립형 제품입니다. 세븐베리, 히비스커스, 레드비트 등의 베리류를 가미해 맛이 상큼하고 씹는 식감이 뛰어나요. 기존의 통곡물 효소가 지닌 특유의 시큼한 맛을 개선하면서 먹는 즐거움이 더 커졌습니다.

"미모도 젊음도 기초체력 관리가 필요합니다"

갓 태어난 아기가 걸을 수 있을까요? 몸의 기초 베이스가 다져지지 않은 몸에 운동과 식단을 병행하는 것은 갓 초등학교에 입학한 아이에게 수능문제집을 풀게 하는 것과 같습니다.

모든 일이 과정과 순서가 있는 것처럼 우리 몸의 건강과 젊음도 순차적인 단계별 관리가 필요합니다. 의욕이 앞서는 마음은 누구나 똑같을 테지만 개개인마다 기초체력과 내면의 몸 상태는 달라요. 우선은 자신의 상태를 정확히 파악하고 건강을 기초부터 탄탄히 다져줄 관리 플랜을 짜는 것이 좋습니다.

젊음도 건강도 하루 아침에 얻어지지 않습니다. 매일 조금씩 관리하다 보면 자신도 모르는 사이 달라진 변화를 발견하게 되는 것이 '관리'인 것 같아요. 작심삼일이라도 괜찮습니다. 작심삼일의 다짐을 계속 반복하는 노력을 평생 반복해 하는 것도 노력입니다.

완벽한 관리란 없다! 그저 지치지 않는 인내와 끈기로 도전을 반복할 뿐이다! 평생 시들지 않는 젊음을 지키고 싶은 아주미의 작은 고백과 함께 오늘의 다이어리를 마무리합니다.

숙면과 건강, 자연에서 되찾은 '삶의 질'

"숙면과 심신의 안정이 곧 건강이고 젊음입니다"

인생에 가장 소중한 재산은 무엇일까요? 시간, 젊음, 건강, 평화, 가족 등 많은 것들을 떠올리게 됩니다. 저에게 딱 한 가지를 꼽으라면 '건강'이라고 말하고 싶습니다. 아직 이루고 싶은 소망이 많은 주부인 저를 비롯해서 가족과 지인들을 향한 바람이기도 합니다.

건강한 심신에서 건강한 정신이 나온다고 합니다. 40년 넘는 삶을 살아보니 나이는 숫자에 불과하다는 사실을 자주 느낍니다. 몸과 마음이 병들고 늙지 않으면 충분히 젊고 활기차게 살아지는 것 같아요.

나이와 체면을 먼저 따지는 '낡은 생각'이 곧 늙음이 아닐까요? 긍정적인 생각이 꿈을 꾸게 하고 한계를 두지 않는 열린 생각이 잠재된 가능성을 일깨웁니다. 무언가 새로운 목표를 갖고 힘차게 도전하는 사람은 절대 늙지 않아요.

이때 꼭 뒷받침되어야 하는 것이 몸과 마음의 건강인 것 같습니다. 간혹 의욕은 앞서는데 몸이 따라주지 않아서 속상했던 경험이 있어요. 뜻하지 않게 체력적, 신체적 한계에 부딪히면 왠지 서러운 감정이 듭니다. 그래서 나이가 들수록 더 건강관리에 신경을 쓰면서 젊게 살려고 노력하는 것 같아요.

코로나19를 겪으면서 자주 '일상의 소중함'을 느끼는 것처럼 젊음과 건강이 충만했던 10대, 20대 시절에는 젊음과 건강의 귀중함을 모르고 지냈습니다. 중년이 되고 차츰 예전 같지 않은 몸 상태를 체감하고 나서야 비로소 관리의 필요성을 절실하게 느끼게 됩니다.

운동은 심폐력과 체력을 올려 줍니다. 또한 흠뻑 땀을 흘리고 나면 체내 노폐물이 빠져 나가면서 피부가 맑아지고 쌓여 있던 스트레스가 풀리는 것도 느낄 수 있어요. 여기에 영양 밸런스가 잘 잡힌 클린한 식단을 겸해주면 몸매와 젊음을 동시에 챙길 수 있습니다.

몇 년 째 운동과 식단을 지속하면서 관리의 필요성은 더욱 확실해졌습니다. 그리고 몸에 필요한 영양소는 최대한 자연식품으로 보충하려고 합니다. 이너뷰티제품이나 영양제의 도움을 받기도 하지만 우선은 일상 중 섭취하는 식품을 먼저 고민합니다.

수시로 먹고 마시는 음식이 건강까지 지켜준다는 믿음으로 잘 먹고 잘 마시는 거예요. 커피보다는 물을, 탄산음료보다는 착즙주스를 마시는 식으로 생활 속 작은 부분을 개선하는 것이 곧 관리라고 생각하면 건강관리도 어려운 것이 아니더라고요.

즉각적인 개선효과를 기대하기보다는 꾸준히 내실을 다진다는 생각으로 바뀐 식습관 중 하나가 바로 '팜스토랑 다트체리'입니다. 저는 과실주스나 탄산음료 대신 타트체리 착즙주스를 자주 애용하고 있습니다. 100% 타트체리 착즙주스에 물이나 우유, 요거트를 섞어 음료대신 음용합니다.

팜스토랑의 타트체리는 터키산 타트체리 중에서도 최고급 품종에 속하는 '타쿠야'를 착즙한 100% NFC 비농축과즙입니다. 과즙 한 병에는 타트체리 100알에 해당하는 용량이 담겨 있어요. 세계 최대 산지에서 생산한 최고급 품종의 타트체리 착즙액인만큼 뛰어난 풍미가 특징입니다. 또한 설탕, 감미료, 착향료, 색소 등의 첨가물을 추가하지 않아 순수한 자연의 맛을 느낄 수 있습니다.

타트체리는 '신이 주신 열매'라고 불립니다. 흔히 알고 있는 일반체리와 달리 신맛이 강한 것이 특징인데요. 3대 필수 영양소와 비타민 12종, 미네랄 등의 영양소가 풍부하고 안토시아닌, 멜라토닌, 케라세틴 등의 항산화 성분이 다량 함유되어 있어 인기를 얻고 있는 자연식품이기도 합니다.

이는 피로회복과 성인병, 암, 치매 예방에 도움을 주며 체내 노폐물 배출을 도와 혈압과 맥박을 안정화시켜 줍니다. 뿐만 아니라 식이섬유가 풍부해 콜레스테롤을

체외로 배출시켜 주고 변비를 개선해주는 효과도 있습니다.

"좋은 잠이 좋은 하루의 보증수표가 됩니다"

무엇보다 수면의 질을 높여주는 타트체리의 효능은 눈여겨 볼만 합니다. 타트체리에 풍부한 멜라토닌 성분이 불면증을 해소하고 숙면을 취할 수 있게 도와준다고 해요. 멜라토닌은 수면 보조제로도 쓰이는 성분으로 숙면을 돕고 피부 미백에도 효과가 있어요. 이런 성분을 자연식품을 통해 섭취하니까 더 안심하고 먹을 수 있더라고요.

과도한 스트레스와 만성피로에 시달리는 현대인에게 잠은 정말 중요하죠. 우리 몸은 잠을 자는 동안 성장하고 회복됩니다. 뼈와 근육을 만들고 손상된 세포를 재생하는 모든 과정이 수면을 통해 이뤄지므로 잠이 곧 건강이라는 말은 과언이 아닙니다.

잠을 자도 개운하지 않고 이유 없이 잠이 오지 않아 밤새 잠을 설치면 종일 무기력하고 힘이 없습니다. 제 주위에도 수면부족과 불면으로 고생하시는 분들이 많은데요. 저는 꾸준한 운동과 타트체리 식이요법으로 좋은 잠을 누리고 있습니다.

맑은 공기와 깨끗한 물, 유기농 식재료 등 우리가 일상적으로 먹고 마시는 모든 것이 평생의 건강을 좌우합니다. 무엇보다 삶의 질이 중요시 되고 있는 요즘이잖아요. 물 한 잔, 간식 하나가 곧 나의 젊음과 건강이라는 마음가짐으로 엄선해 누리자고 말씀드리고 싶습니다.

활력 충전! 내 몸을 챙겨 주는 '신의 선물'

"트로트 한 소절, 드라마 한 편, 맥주 한 잔에 행복해지는 단순함을 사랑합니다"

어릴 적 기억 속의 아버지는 누구보다 열정적인 분이셨습니다. 항상 바쁘게 일하셨지만 늦둥이 딸에게 애틋한 아버지였어요. 또한 사업가셨지만 운동과 예술을 사랑할 줄 아셨고 봉사와 나눔을 실천하시는 따뜻함도 지닌 아저씨였네요.

아버지를 통해 배운 삶은 지금 저의 인생에 많은 영향을 주고 있습니다. 좋아하는 일은 일단 시작하고 보는 행동력부터 단순하게 생각하고 최선을 다하는 끈기와 열정, 운전할 때는 나도 모르게 흥얼거리는 트로트 감성까지 그 중 좋을 때나 힘을 때나 활기차고 밝은 웃음을 잃지 않는 긍정적이 마인드는 저희 아버지께 물려 받은 가장 큰 유산이 아닐까 싶습니다.

스스로 '해피바이러스'를 자처하는 저는 미소와 웃음을 사랑합니다. 일하는 주부로 집과 사무실을 오가는 현실주부의 일상은 늘 즐겁지만은 않아요. 때론 현실적인 고민으로 힘든 순간도 있고 문득 찾아오는 외로움에 쓸쓸한 기분이 드는 날도 있습니다.

일상 중 쌓이는 스트레스는 그때그때 해소하는 편입니다. 최대한 단순하게 생각하고 고민은 길게 하지 않아요. 종일 풀이 죽어 있을 바에는 더 많이 웃고 즐겁게 생활하는 편이 낫다고 생각해요.

신나는 노래를 틀어 놓고 노래를 부르거나 춤을 출 때도 있고 땀이 흠뻑 날 때까지 운동을 하기도 합니다. 친구들을 만나 수다를 떨기도 하고 맛있는 음식과 술을 한 잔 곁들며 조용히 혼자만의 시간을 갖기도 해요.

좋은 컨디션 유지를 위해서 먹고 마시는 음식도 신경 씁니다. 영양결핍과 불균형이 우울감과 무기력을 불러올 수 있다고 해요. 장마철 우울감을 느끼는 이유도 일조량 부족으로 인한 비타민D 부족이 원인이라는 사실! 다들 아시나요?

저는 평소 단백질 위주의 식단을 자주 섭취합니다. 그래서 자칫 부족할 수 있는 영양소는 음료나 간식으로 보충하고 있습니다. 일상 중 수시로 마시고 먹게 되는 음식만 바꾸어도 몸의 컨디션이 개선되는 것을 느끼는 중입니다.

하루 한 잔씩 습관처럼 마시던 커피 대신 자연 원료로 만든 건강음료를 더 가까이하고 있습니다. 요즘 제가 즐겨찾는 음료는 타트체리 주스와 타트체리 에이드예요. 순수 타트체리 착즙액을 물이나 탄산수에 희석해서 물이나 음료 대신 수시로 마시고 있습니다.

'심속의 농장 팜스토랑 타트체리'는 100% 타트체리 과즙입니다. 터키산 타트체리 중 최고급 품종으로 꼽히은 '타쿠야'를 사용한 최고급 착즙액이예요. 정제수나 감미료, 착향료, 설탕, 색소 등을 조금도 가미하지 않은 'NFC 비농축과즙'이라 순수한 과즙의 맛을 진하게 느낄 수 있어요.

팜스토랑의 타트체리 착즙액 한 병에는 타트체리 100알이 담겨 있습니다. 타트체리는 사워체리(Sour Cherry) 품종 중 하나입니다. 우리가 일상적으로 먹는 스위트체리와 달리 신맛이 강하고 새콤해서 주로 과즙으로 많이 섭취합니다.

이는 3대 필수영양소 비타민 12종 미네랄 7종을 비롯한 각종 영양소를 풍부하게 함유하고 있어 '신이 주신 선물'이라고 불립니다. 타트체리에 담긴 영양소는 강력합니다. 비타민A(스윗체리의 20배), 베타카로틴(블루베리의 19배), 철분(오렌지의 3배), 칼륨(크랜베리의 2배), 칼슘(바나나의 2배) 등 몸의 활력을 위해 꼭 필요한 성분이 들어 있어요.

뿐만 아니라 안토시아닌, 멜라토닌, 케르세틴 등 항산화 성분까지 풍부해 신체 노화예방 및 성인병 예방에 탁월한 효과가 있습니다. 특히 자연에서 유래한 멜라토닌

성분은 숙면을 도와 질 좋은 수면을 유도해 준다고 해요. 이 밖에도 강력한 항염, 항암 효과로 만성염증과 암을 예방함은 물론 식이섬유가 변비를 해소하고 콜레스테롤 수치까지 낮춰 줍니다.

"잘 먹고 잘 자고 잘 싸는 인생이 '행복'입니다"

저는 타트체리 특유의 신맛을 좋아해서 가급적 원액 자체의 맛을 살려 음용합니다. 물에 희석해서 시원하게 마시면 상큼한 맛이 입안 가득 퍼지며 무기력한 기분도 싹 날아갑니다. 덥고 습한 날씨로 지친 심신에 '강력한 자극'이 되어주는 힐링음료가 아닐까 싶네요.

해가 갈수록 건강의 소중함을 더 절실히 느끼게 됩니다. 중년 이후의 건강은 저절로 지켜지지 않는다던 어른들의 말씀을 교훈 삼아요. 더 열심히 운동하고 더 건강하게 먹으며 몸을 챙기려고 노력합니다.

건강을 지키는 일은 평생이지만 잃는 것은 한 순간이라고 하잖아요. 타고난 체력과 건강만 무조건 맹신하기보다는 지금부터 꾸준히 관리하자고 이야기하고 싶습니다.

100세 시대를 맞이한 지금 이왕이면 젊고 건강하게 노후를 맞이하는 것이 더 행복하지 않을까요? 평생 아름답게 나이 들어가는 '꽃줌마'를 꿈꾸지만 '건강'을 최우선으로 생각하는 40대 아줌마 양쥐언니였습니다.

가뿐한 일상! 내면의 젊음을 가꾸는 여자

"가벼움이 곧 젊음입니다.
단순한 젊음, 상쾌한 건강으로 여자를 말합니다"

내면의 무소유를 실천하는 아주미 양쥐언니입니다. "체지방이 빠지면 체중이 가벼워지고 노폐물이 빠지면 몸이 가벼워진다"를 실천 중입니다.

가뿐한 일상을 위해서는 몸 속 독소와 노폐물도 다이어트가 필요합니다. 보이지 않는 내면까지 아름다워질 때 삶의 질도 함께 높아지는 것 같아요.

특별한 약속이나 중요한 일정이 있는 날 우리는 자연스럽게 몸가짐을 단정히 합니다. 평소보다 더 정성껏 화장을 하고 아껴둔 예쁜 옷을 꺼내 입고 헤어스타일까지 세심하게 단장하며 예의를 갖춥니다. 이렇게 머리부터 발끝까지 잘 치장한 날은 말투나 행동도 조금 달라집니다.

반면 우리는 내면의 아름다움에는 조금 무심한 것 같습니다. 만성피로, 두통, 무기력, 위장장애, 잔변감 등 몸이 보내는 이상신호는 참 다양합니다. 하지만 과로와 스트레스를 탓하며 방치하는 경우가 많습니다. 오히려 이런 증상에 적응하려고 노력하며 증상을 악화시키기도 해요.

외적 변화에는 민감하게 반응하면서 내면의 변화에는 둔감한 이유는 무엇일까요? 노후의 행복을 위해서는 외면보다 내면의 건강이 더 중요하다는 사실을 잘 알면서도 '내면관리'에는 소홀하게 되고 맙니다. 때문인지 요즘은 보이지 않는 내면을 채워주는 '이너뷰티' 제품이 여럿 소개되고 있습니다.

단순히 부족한 영양소를 보충하는 개념을 넘어 생명활동에 필요한 대부분의 촉매제를 이너뷰티 제품으로 채울 수 있게 됐습니다. 피부의 재생과 회복, 뼈와 관절의 건강, 소화작용 및 주요 대사작용 촉진, 혈관건강과 체내 노폐물 배출 등 기능도 쓰임도 참 다양한데요. 그 중에서도 '효소'는 건강한 몸의 바탕을 만들어 주는 성분으로 주목받고 있습니다.

우리 몸 속에 존재하는 효소는 몸 속 세포의 활동 중 일어나는 화학 반응에 촉매제 역할을 합니다. 하지만 나이가 들면서 체내의 잠재효소가 감소하면서 우리 몸의 화학반응이 느려지고 대사활동이 느려 집니다.

밀가루나 기름진 음식을 먹으면 속이 더부룩하고 방귀 냄새가 지독해지는 까닭도 효소부족에 따른 대사기능의 저하에서 비롯한다고 볼 수 있습니다. 또한 덜 소화된 음식물이 장에서 부패하면서 생성된 독소가 체내에 쌓이면 쉽게 붓고 잦은 피로에 시달리기 쉬워요. 또한 노폐물이 혈관을 막아 혈액순환을 방해하기도 합니다.

바지오 위라이크 효소는 통곡물을 황국균으로 발효시켜 만든 곡물발효효소입니다. 국산 현미를 100% 통발효하여 몸에 필요한 효소와 원물의 영양분까지 한 번에 담았습니다. 국내 곡물발효 효소식품분야의 최고 권위자인 나라엔텍 전진성박사님과 공동개발한 것으로 단순 소화제 성분을 가미하지 않은 자연친화적인 효소입니다.

먹기 간편한 과립형태로 제작된 효소는 인공적인 분리정제효소, 합성착향료, 합성색소, 합성보존료 등이 일절 들어있지 않습니다. 또한 세븐베리 분말과 야채, 채소의 조합으로 상큼한 맛을 가미해 곡물발효효소식품은 몸에는 좋으나 먹기 불편하다는 편견을 무너뜨렸어요.

"보이지 않는 변화가 일상을 바꿉니다"

평범한 일상을 반복합니다. 일과 육아, 살림이 전부인 주부지만 저 자신을 잃지 않기 위해 노력합니다. 중년의 건강한 삶, 젊고 아름다운 여자, 도전을 멈추지 않는 뷰티 크리에이터 양지혜도 저의 일부잖아요.

늘 똑같은 것 같지만 서서히 나이가 드는 외모처럼 늘 똑같아 보이는 일상도 조금

씩 변화하고 있습니다. 사소한 습관 하나, 매일 먹는 음식 하나하나가 저를 변하게 하는 것 같아요.

인생의 새로운 기회는 반복된 오늘을 살며 찾아 옵니다. 젊고 건강한 삶을 위한 노력도 마찬가지가 아닐까요? 하루 1시간의 운동, 매일 효소 한 포, 건강하게 챙기는 한 끼의 식사가 쌓이고 쌓여 '평생의 건강'을 완성시켜 준다고 믿습니다.

행복은 일상의 사소함 속에서 발견되고 건강과 젊음은 매일 반복하는 작은 습관에서 비롯한다는 생각을 잊지 않았으면 합니다. 아이들의 건강과 행복을 소망하는 엄마의 마음으로 '자신'을 챙기고 가정의 안정과 평화를 좇는 주부의 성실함으로 '관리'를 반복합니다.

재능은 성실함을 이길 수 없고 노력은 즐기는 마음을 앞서지 못합니다. 여자로서의 행복을 좇으며 좋아하는 일에 최선을 다하고 싶은 아주미의 열정이 우선 그리고 엄마이자 주부로서 오래 건강히 살아지고 싶은 욕심으로 내면까지 관리하는 아주미였습니다.

ANGY's Beauty Diary **DIET** **#30**

체중계 위에서 당당한 여자! 다이어트 운동 루틴

"깃털같은 가벼움을 꿈꿉니다"

여자의 아름다움이란 무엇일까요? 세월에게 빼앗긴 젊음, 오밀조밀 예쁜 이목구비, 선량한 마음, 행복이 묻어나는 미소까지 하나씩 나열해보면 수도 없이 많은 '아름다움'이 존재합니다. 그 중 '탄탄하고 날씬한 몸매'는 주부의 로망이자 포기하지 못하는 현실과제이기도 합니다.

수 년 전 8kg 감량에 성공한 이후 4년 째 유지어터로 지내왔습니다. 다이어트는 감량할 때보다 감량 후 사후관리가 더 중요하다는 사실을 알고 계셨나요? 저는 수많은 다이어트 실패와 요요현상을 경험한 탓에 감량 후에도 꾸준한 관리를 지속하며 체중관리를 해왔습니다.

그 결과 감량 후 4년이 지난 지금도 50kg대 체중을 유지할 수 있었어요. 감량직후 48kg이었던 몸무게가 2~3kg 늘었지만 유지기간 동안 음식은 자유롭게 먹었기 때문에 '이만하면 성공적인 다이어트'라고 생각했던 것 같습니다. 하지만 코로나19로 단기간에 체중이 늘기 시작해 55kg까지 살이 올랐고 4년 만에 다시 다이어트에 도전 중입니다.

중년의 다이어트는 결코 쉽지 않습니다. 신진대사기능이 떨어지고 기초대사량이 낮아진만큼 피 땀 흘리는 노력이 더해져야 겨우 1kg를 줄일 수 있더라고요. 그래서 면역다이어트 보조제 '바지오데이'의 도움을 받으며 헬스와 홈트레이닝을 병행하고 있습니다. 1분 1초라도 더 움직이며 근육을 움직이고 몸에 열을 올려 줘야 체지방이 1g이라도 줄일 수 있다는 믿음으로 말입니다.

집중 다이어트 중인 요즘은 주 5회 운동을 합니다. 최소한 주 2회는 1시간 정도 고강도 운동을 하고 나머지는 상황에 따라 홈트레이닝과 헬스시설을 이용하고 있습니다. 살림하고 일하는 주부라 매번 꼬박꼬박 운동시간을 지킬 수 없어요. 때문에 오전·오후 루틴을 정해 놓고 틈틈이 반복하고 있네요.

공복에 하는 아침 운동은 체지방 감소에 효과적이에요. 때문에 주로 유산소 운동과 스트레칭 위주로 루틴을 짭니다. 러닝이나 스피닝 등의 유산소 운동은 몸풀기와 마무리 운동에 넣고 그 사이에 스트레칭과 매트운동을 반복해줍니다. 이렇게 몸을 이완시켜주면 일상의 활력증진에도 정말 좋아요.

유산소 운동은 최소 30분 정도 땀이 날 때까지 합니다. 가볍게 걷고 뛰는 운동이지만 관절과 근육에 열이 나면서 혈액순환이 촉진되는 만큼 체지방을 빠르게 태워줍니다. 피하지방이 발달한 뱃살부자 아주미의 다이어트에 꼭 필요한 과정이라 할 수 있어요.

오전 운동을 마친 후에는 반드시 '단백질도 맛있다'로 아침식사를 대신합니다. 운동 후 1시간 이내에 단백질을 보충해 줘야 탄탄한 근육질 몸매를 만들 수 있다고 해요. 한 포에 117kcal라 칼로리 부담도 적고 식탐호르몬인 그렐린(ghrein) 감소에도 도움을 주기 때문에 다이어트 중에는 잊지 않고 챙기는 영양식입니다.

육퇴 후에 밤 운동을 할 때는 무게를 실어서 근육을 만드는 근력운동 위주로 관리를 합니다. 헬스장에서는 웨이트 기구를 사용해 허벅지와 힙, 가슴 등의 주요 부위에 탄탄한 근육을 만들고 있습니다.

집에서 홈트레이닝으로 대신 할 때는 기구 대신 덤벨이나 탄력밴드 등의 소도구를 활용합니다. 가족들이 다 같이 생활하는 공간인 만큼 운동시간은 20~30분 정도로 짧게 대신 복근이나 힙업 등 목표를 정하고 최대한 집중해서 운동을 합니다.

밤 운동 후에는 비브이비 타트체리 콜라겐과 타트체리 주스를 섭취합니다. 운동 중 발생한 활성산소에 의한 피부노화를 막고 밤새 숙면을 취할 수 있어요. 다이어트 중 부족하기 쉬운 영양소도 챙기고 건강까지 돌볼 수 있으니 일석이조예요.

"지방에 숨겨져 있던 진짜 아름다움을 발견합니다"

감량에 성공하면서 저는 제 안에 숨겨진 '또 다른 아름다움'을 알게 됐습니다. 두 아이를 출산하면서 서서히 살이 쪘던 만큼 다이어트로 얻은 외적 변화는 무척 드라마틱하게 다가왔어요. 새롭게 태어난 기분으로 자신감도 생기고 일상에 활력이 생기는 것을 보면서 더 욕심을 내서 운동을 지속했습니다.

지금도 일상 중에는 수시로 홈트레이닝을 하며 가벼운 스트레칭과 복근운동, 힙업운동을 지속합니다. 설거지를 할 때는 스쿼트를, 바닥청소를 할 때는 고관절 스트레칭과 힙업운동을 하는 식으로 운동을 생활에 접목하기도 합니다. 가끔 힘들 때도 있지만 노력으로 얻은 달콤한 성공의 기쁨이 저를 더 분발하게 합니다.

반짝반짝 예쁘고 아름다운 것을 향한 여자의 욕심은 타고난 본능이라고 해요. 스스로 '여자'라고 알아챈 사춘기 이전부터 예쁜 것이라면 사족을 못 썼던 어린 시절을 생각해보면 제 안에는 늘 여자가 살고 있었던 것 같네요. 그리고 지금은 보다 적극적으로 미모와 젊음을 탐하며 더 멋지고 아름답게 나이들길 욕망합니다.

건강과 젊음을 찾는 아주미는 오늘도 저만의 운동루틴으로 탄탄한 몸매를 설계합니다. 일주일에 2번, 하루 30분 투자로 얻어지는 행복찾기에 동참해 보시는 건 어떨까요? 건강한 다이어트로 나의 숨은 예쁨까지 알차게 누리고 싶은 아주미였습니다. ♡

다이어트 시즌, 40대 주부의 '식단' 관리

"주부의 미덕은 체력, 여자의 미모는 체지방이 좌우합니다"

남녀노소 관리하는 시대라고 합니다. 여자에게 다이어트는 평생의 숙제이자 도전입니다. 평범한 주부인 저도 늘 다이어트에 관심이 많았습니다. 하지만 모든 다이어트가 성공적이지는 않았습니다.

절식과 운동이 힘들어서 중도포기한 적도 있고 감량 후 요요현상으로 다시 살이 쪄서 우울했던 적도 있습니다. 큰 맘 먹고 헬스를 등록했다가도 바쁘다는 이유로 운동을 포기한 적도 많아요.

일하고 살림하는 것만으로도 녹초가 되어 잠들던 평범한 주부에게 '다이어트'는 넘을 수 없는 벽 같았습니다. 바쁜 와중에 따로 시간을 쪼개서 운동한다는 자체가 쉽지 않았어요. 고작해야 하루 1시간이지만 일부러 시간을 만들지 않으면 자유가 허락되지 않는 것이 살림이고 육아더라고요.

그래서 독하게 살을 빼야겠다 결심했을 때는 가까운 헬스장에 PT 등록을 하고 '출석'에 의의를 뒀던 것 같아요. 시간관리가 더 중요했기 때문에 운동은 그 다음 문제였어요. 운동루틴은 전문가의 도움을 받으면서 배우고 저는 온전히 출석에 최선을 다하며 관리를 시작했습니다.

운동하는 일상이 익숙해진 뒤로는 식이조절에 어려움을 겪었습니다. 매일 음식을 만드는 주부잖아요. 견물생심이라고 눈 앞에 있는 음식을 보면서 식욕을 참는 일이 쉽지 않았습니다. 워낙 먹는 것을 좋아하기도 하고 몸매만큼 체력도 중요한 아주미라서 적게 먹거나 굶는 관리는 저랑 맞지 않았어요.

"식단 없는 운동은 '건강한 돼지'가 되는 지름길"

운동을 시작하고 체력과 근력은 훨씬 좋아졌지만 상상하던 S라인 몸매는 만들어지지 않았습니다. 탄탄한 복근, 슬림한 보디라인은 단백질 위주의 식단이 필수라는 사실은 잘 알려져 있죠. 그래서 저도 식단관리를 병행하기 시작했습니다.

저탄수화물 고단백질 식품을 섭취하면서 집에서도 홈트레이닝을 멈추지 않았습니다. 그 결과 8kg 감량에 성공했고 지금도 꾸준히 운동과 식단을 병행하는 유지어터의 길을 걷고 있네요.

체지방 감소와 근육 발달을 위해서는 운동과 단백질 섭취가 필수적입니다. 요즘은 인터넷 검색만으로도 손쉽게 식단정보를 얻을 수 있잖아요. 저도 처음에는 트레이너 선생님의 조언으로 음식조절을 했지만 지금은 저만의 루틴으로 음식조절을 하고 있습니다.

다이어트는 살을 빼는 것만큼 유지하는 것도 중요해요. 고통 없이 즐겁게 지속하는 건강한 다이어트가 추세잖아요. 여자는 평생이 관리 기간이라고 생각하는 아주미인 저 역시 늘 몸매관리를 고민하면서 '배고프지 않고 맛있게 먹는 식단'을 고민합니다.

저는 하루 한 끼는 먹고 싶은 음식을 마음껏 먹습니다. 주로 가족이 한 자리에 모이기 좋은 저녁 식사를 자유롭게 즐기는 편입니다. 바쁜 아침은 단백질 쉐이크 한 잔, 점심은 굽네의 닭가슴살이나 도시락으로 가볍게 때우는 날이 많습니다.

굽네의 닭가슴살 요리와 다이어트 간편식은 종류만큼 다양한 맛을 즐길 수 있어 질리지가 않아요. 닭가슴살, 소시지, 만두, 꼬치 등 각종 닭요리를 번갈아가며 맛있는 식단을 즐기고 있습니다.

단기간에 체중감량을 목표로 집중관리를 할 때는 저녁식단이나 야식도 굽네의 다이어트 식단을 적극활용합니다. 굽네가 추천하는 '1주 1일 2식 식단세트'를 섭취하며 열심히 운동해요. 균형 잡힌 영양성분을 담아 구성된 다이어트 식단인 만큼 정해진 식단만큼은 걱정없이 마음껏 먹을 수 있어서 참 편리합니다.

"주부9단 아줌마도 남이 해 준 밥이 맛있습니다"

욕심이 많은 주부는 부지런해야 합니다. '해야 할 일'을 하면서 '하고 싶은 일'을 하려면 무엇이든 두 배 더 빨리, 열심히 해야 하거든요. 비록 마흔이 넘은 두 아이의 엄마지만 저는 '예쁜 여자 양지혜'를 포기하고 싶지 않아서 열심히 살고 있습니다.

특히 몸매관리는 필요한 만큼은 전문가의 도움을 받기도 하고 간편하게 먹을 수 있는 다이어트 식단을 적극 활용합니다. 제가 잘 챙기지 못하는 부분은 외부의 도움을 받는 것이 시간적, 비용적 측면에서 훨씬 효과적이라고 생각해요. 그렇게 인연이 닿은 굽네의 헬스 앤 다이어트 식단은 성장기 아이들이 먹어도 안심할 수 있어서 더 좋아요.

주부들도 밥하기 싫은 날이 있잖아요. 그런 날은 배달음식으로 대충 때우거나 외식을 하곤 했는데요. 요즘은 냉동실에 저장해 놓은 굽네 식단으로 간편하게 한 상 차림을 즐깁니다. 저녁식사부터 아이들 간식, 저의 야식까지 책임져 주는 화려한 메뉴구성은 '과연 굽네!'라는 감탄사를 절로 나오게 해요.

바야흐로 다이어트의 계절입니다. 오늘은 저의 몸매관리 이야기와 식단관리 루틴을 소개했습니다. 요즘은 무조건 마른 몸을 선호하지 않아요. 활력과 건강미가 느껴지는 탄탄한 체형이 훨씬 더 예쁘게 여겨지고 있어요.

올 여름은 무작정 굶지 마시고 건강하게 먹으며 '운동'하세요! 운동하는 유지어터 양쥐언니가 함께 합니다. ♡

급찐살 다이어트 3원칙 '맛있게, 가볍게, 즐겁게'

"노력하는 건강과 젊음은 결코 방전되지 않습니다"

매일 운동과 식단을 실천하는 평범한 주부입니다. 운동을 하고 식단조절을 하며 벌써 수년째 몸매관리를 하고 있습니다. 몇 년 전 운동과 식단으로 8kg 감량에 성공하면서 시작된 저의 헬스 라이프는 이제 저와 뗄레야 뗄 수 없는 일상이 됐습니다.

저의 헬스 앤 다이어트 일상은 단순합니다. 저의 뷰티 일기장에 소개해 드린 운동과 식단이 전부라 해도 과언이 아니에요. 헬스장과 집을 막론하고 틈나는대로 운동하고 배고프지 않을만큼 맛있게 먹고 아이들과 춤추고 노래하며 즐겁게 지냅니다. 신나게 놀다보면 스트레스도 풀리고 칼로리도 소모되니까 좋더라고요.(웃음)

가끔 '왜 그토록 열심히 관리하느냐'라고 묻는 사람들도 있습니다. 군살 없이 예쁘게 나이들고 싶은 마음이 제일 컷던 것 같아요. 하지만 지금은 소진해 가는 젊음과 건강을 운동으로 '충전'하는 기분이 들기 때문이라고 설명하고 싶습니다.

세월의 흐름에 맞춰 단조롭게 늙어가는 것이 당연할 줄 알았던 저예요. '관리의 필요성'을 못 느끼고 살았던 20대도 지금보다 통통했고, 둘째를 낳고 나서는 체중이 70kg에 달할 정도로 살이 쪄서 우울감에 빠진 적도 있었습니다. 하지만 그 또한 제 삶의 일부라고 여기며 바꿔 볼 생각 자체를 못 했죠.

출산을 한 뒤 여자의 몸은 180도 달라집니다. 불어난 체중과 체형의 변화는 물론 체질까지 바뀌기도 합니다. 이런 갑작스런 신체의 변화는 자신감을 떨어지고 우울감을 안겨 주기도 합니다. 특히 출산 후 처지고 늘어난 뱃살은 피할 수가 없더라고요.

복부는 나이가 들수록 내장지방과 피하지방이 쌓이기 쉬운 부위입니다. 때문에 조금만 방심해도 살이 찌고 웬만해서는 살이 빠지지 않아 애를 먹이기도 합니다. 실제로 복부나 엉덩이 등은 오랜 시간 인내심을 가지고 운동으로 관리해야 합니다. 과도하게 쌓인 체지방을 줄이고 근육을 단련해 줘야 탄탄함을 유지할 수 있어요.

그래서 저도 홈트레이닝을 소개할 때 자주 '복근운동'을 언급하곤 합니다. 요즘 선호하는 애플힙이나 꿀벅지도 허리와 복근의 코어가 단단하게 잡혀 있어야 제대로 된 효과를 얻을 수 있거든요. 복부에 지방이 많은 경우는 유산소 운동과 근력운동을 병행하시길 추천합니다. 특히 근력운동을 즐겨 하시는 분들이라면 꼭 단백질을 섭취하라고 조언하고 싶습니다.

몸의 중심을 잡아주는 복근도 '운동과 식단'이 필수적입니다. 웨이트와 같은 근육운동은 근력과 소모가 커서 충분한 영양소를 섭취해 줘야 합니다. 무작정 굶고 고강도 운동을 지속하면 오히려 근육손실이 발생해 건강을 해칠 수 있어요. 이는 여름을 겨냥해 단기 다이어트에 도전 중인 '초보 다이어터'도 마찬가지예요.

"피부도 몸매도 아름다운 조화로운 아름다움을 추구합니다"

운동으로 몸매 관리를 결심했다면 음식 섭취를 두려워 하지 말아야 합니다. 흔히 '살을 뺀다'라고 하면 '일단 굶고 보자'하는 분들이 많은데요. 다이어트 중 식단관리가 필요한 것은 분명한 사실입니다. 하지만 그 '관리'가 절식이나 금식을 뜻하는 것이 아닙니다.

오히려 단백질과 비타민, 미네랄 같은 성분들을 오히려 더 잘 챙겨 먹어야 합니다. 세계보건기구(WHO) 기준 성인 1일 단백질 섭취 권장량은 '체중x0.8g'입니다. 고강도 운동을 하는 경우에는 이보다 많은 '체중x1.0~1.2g'을 섭취하는 것이 좋다고 해요. 이런 영양소가 결핍되면 모발 및 피부노화, 만성피로와 우울감으로 이어질 수도 있거든요.

여성 기준 단백질 1일 권장량은 닭가슴살 세 덩어리 정도라고 해요. 닭가슴살은 최고의 다이어트 식품이 아닐까 싶어요. 칼로리 대비 단백질 함량이 풍부하고 가성비까지 좋아서 꾸준한 사랑을 받고 있죠. 하지만 매 끼니를 닭가슴살로 대신할 수는 없더라고요.

수년째 헬스와 홈트레이닝을 고집하고 있는 저도 '굽네 다이어트 식단'으로 단백질을 섭취하고 있습니다. 굽네의 소스닭, 소세지, 볶음밥을 비롯해 도시락까지 다양한 메뉴를 입맛따라 골라먹을 수 있어서 골라먹는 재미에 푹 빠져 지내고 있습니다.

굽네가 선보이고 있는 헬스푸드는 다양한 레시피로 다이어트 식단을 제공하고 있습니다. 칼로리가 낮은 닭을 주재료로 개발한 메뉴들은 칼로리가 덜한 반면 맛과 풍미가 뛰어나 가족 식사 대용으로도 안성맞춤입니다. 덕분에 퍽퍽한 닭가슴살에 질린 아주미도 '맛있게 먹을 권리'를 누리며 삼시세끼 행복한 식사를 즐기고 있습니다.

볼륨 있고 슬림한 명품몸매는 하루 아침에 얻어지지 않습니다. 그래서 다이어트를 '자기와의 싸움'이라고 말하는 것 같아요. 올 여름을 겨냥해 미뤄온 다이어트를 결심하고 있다면 식단만큼은 부담없이 시작해도 좋을 것 같습니다.

맛있는 소스와 건강한 재료로 업그레이드 된 헬스푸드로 맛있게 먹고 즐겁게 운동할 수 있는 좋은 시대를 만났잖아요. 예전처럼 나 혼자 쓸쓸히 먹던 샐러드와 닭가슴살은 이제 잊어 주세요. 건강은 물론 영양까지 챙긴 헬스푸드는 온 가족이 함께 누릴 수 있습니다.

집에서 만나는 간편한 건강식으로 예쁜 몸매와 건강도 챙기고 아이들이 더 좋아하는 닭요리 한 상으로 홈파티 기분도 내는 아줌마! 저는 요즘 초간편 헬스푸드로 다이어트는 물론 '일상의 행복'까지 누리고 있습니다.

맛있게 먹고 즐겁게 나누며 건강하게 날씬해지세요! 즐겁게 먹는 기쁨을 나누고 싶은 아줌마 양쥐언니였습니다.

S라인을 설계하는 일상, 다이어트 식단 노하우

“산소 같은 여자는 굶지 않습니다”

‘돌밥돌밥’이 일상이 주부입니다. 돌아서면 밥하고 돌아서면 밥하는 집콕일상이 지속되면서 늘어난 것은 ‘한숨’과 ‘살’이네요. 4년 전 감량 이후 꾸준히 잘 유지해 온 체중도 코로나19 앞에 무너져 다시 다이어트 결심하게 됐습니다.

40대에 처음 도전하는 다이어트는 비교적 순조롭습니다. 일주일 사이에 3kg 정도 체중이 줄은 상태예요. 그리고 현재는 유지기간 동안 지속해온 운동과 함께 보조제의 도움을 받아가며 식단관리에 조금 더 신경쓰는 중입니다.

어느 때보다 면역기능에 유의해야 하는 시기인 만큼 ‘건강한 다이어트’를 지향하고 있습니다. 몸에 부담을 주는 운동이나 적게 먹고 굶는 다이어트는 득보다 실이 많아요. 그래서 저탄고지 위주로 식단을 짜고, 다이어트 보조제와 이너뷰티 제품을 적극 활용해가며 살과의 전쟁을 치르는 중입니다.

SNS를 통해 저의 감량 소식을 전했더니, 많은 분들이 식단을 궁금해 하십니다. 저의 하루 식단을 요약해 보면 의외로 간단합니다. 아침은 단백질쉐이크 ‘단백질도 맛있다’로 대신하고 있고요. 점심과 저녁은 일반식단과 고단백 다이어트식단을 각각 한 끼 씩 나누어 먹습니다. 그리고 한 달에 두 세 번은 치팅데이를 즐깁니다.

다이어트 식단 데일리 루틴

아침 : 단백질쉐이크 ‘단백질도 맛있다’

점심 : 일반식단(폭식금지)

저녁 : 고단백 다이어트식단

(점심과 저녁 식단은 상황에 따라 유연하게 변경하여 섭취합니다)

하루 한 끼 다이어트 식단은 고단백 저칼로리 식재료로 만든 다양한 레시피를 적극 활용합니다. 설탕 대신 스테비아로 단맛을 내고 노슈가 케첩, 저지방 우유 등을 자주 애용하고 있어요. 또한 닭가슴살과 샐러드를 맛있게 구성한 굽네의 다채로운 메뉴로 다이어트 식단을 대신하기도 합니다.

"예뻐지는 식단은 과학입니다"

이렇게 저의 다이어트 식단은 자유로운 편입니다. 먹성이 좋을 뿐 아니라 배고픔을 참지 못하는 성격이라 먹는 걸로 스트레스를 받고 싶지 않았어요. 늘 주방에 머무는 주부가 눈 앞에 음식을 참기란 참 고통스러운 일입니다. 대신 다이어트 보조제인 '바지오데이'로 체중감량에 도움을 받고 있습니다.

아침, 저녁으로 하루 4알 섭취하는 '바지오데이'는 탄수화물의 지방합성을 막아주고 체지방 감소, 배변활동 촉진에 효과적입니다. 또한 비타민과 미네랄, 셀렌과 아연 등을 함유해 다이어트 중 발생하기 쉬운 영양결핍을 예방할 수 있습니다. 다이어트와 면역력 증진 기능을 두루 갖춘 건강기능식품이라 종합 영양제가 부럽지 않아요.

현재 평소처럼 운동과 식단을 하면서 바지오데이를 섭취한 결과 열흘만에 3kg 정도 몸무게가 줄었습니다. 예전처럼 굶거나 적게 먹지 않아도 체중감량이 가능하니까 다이어트가 한결 쉬워진 기분입니다.

"잘못된 식단이 살찌는 체질을 부릅니다"

단식이나 절식을 하다보면 아침, 점심을 거의 굶고 저녁에 폭식을 하기 쉬운데요. 이런 식습관은 오히려 공기만 마셔도 살찌는 체질을 유발할 수 있어요. 음식섭취가 줄어들면, 우리 몸은 음식을 지방으로 저장해 두려고 하는 성질이 있기 때문이에요.

사용하고 남은 에너지가 배출되지 못하고 몸에 저장되면 그것이 바로 '살'이 됩니다. 따라서 저의 식사루틴처럼 하루 세 끼를 꼬박꼬박 먹어 주는 것이 몸의 항상성 유지에 도움이 됩니다. 이때 하루 한 끼는 먹고 싶은 음식을 먹고, 두 끼를 고단백 저탄수화물 식단으로 대체해 주면 다이어트 효과를 높일 수 있습니다.

건강하고 젊게 살고 싶은 마음은 누구나 똑같을 것 같습니다. 그래서 더 열심히 운동하고 몸에 좋은 음식을 먹으며 건강을 챙깁니다. 저 같은 주부에게 다이어트는 '건강'과 '아름다움'을 동시에 안겨주는 관리법이 아닐까 싶습니다.

각종 성인병의 원인이 되는 비만을 예방하고 일상의 활력과 날씬한 몸매까지 얻을 수 있잖아요. 그래서 다이어트를 '여자 평생의 숙제'라고 하나 봅니다. 쉽지 않지만 결코 포기할 수 없는 '달콤한 결실'이 기다리고 있으니까요.

타고난 젊음은 한 때지만, 관리된 젊음은 평생 지속됩니다. 건강한 다이어트로 몸도 마음도 가벼워지시길 바랍니다.

건강을 찾는 주부, 온 가족 보양식부터 다이어트 식단까지

"건강이 빠진 인생은 무의미한 삶의 연장선일 뿐입니다"

연예인 같은 S라인 몸매는 철저한 관리를 동반합니다. 반면 주부의 몸매관리는 조금 달라요. 조금 살이 덜 빠져도 잘 먹어야 하고 우선 아프지 않아야 합니다. 저 한 사람에게 주어진 가족에 대한 책임감 때문이에요. 무리해서 운동하고 살을 빼다 아프면 당장 아이들의 생활부터 지장이 생기거든요.

주부는 단순히 결혼하고 살림하는 여자라고 생각하기 쉽지만 그 이면에 담긴 의무와 책임감은 결코 가볍지 않습니다. 그래서 살림과 육아에 집중하다 보면 '어느새 자신을 잃어가는 기분'이 들기도 합니다. 엄마와 여자라는 두 갈림길에서 언제나 가족을 선택하는 주부. 이렇게 가족이 우선이 되다 보니 차츰 자신에게 온전히 집중하고 투자할 심적, 시간적 여유가 생기지 않는 거죠.

두 아이의 엄마이기 전에 한 여자로 평생을 당당하고 즐겁게 살고 싶었던 저 역시 '엄마의 책임감'과 '여자의 욕망' 사이에서 고민하던 시절이 있었습니다. SNS를 통해 저와 가족의 일상으로 소통하다 보니 저의 소셜 활동이 아이들에게 폐가 될까봐 걱정이 됐어요. 제가 좋아서 시작한 일로 가족들이 힘들어지면 안되는 거잖아요.

그래서 최대한 가족들의 의견을 존중하며 저의 행복을 쫓았습니다. 운동하고 일하는 저의 스케줄은 최대한 아이들 일과에 맞췄고 고강도 다이어트를 할 때도 가족들 식사만큼은 맛과 영양을 고려해 준비하려고 노력했네요.

저 자신을 돌보는 일상을 만들기 위해서 더 부지런한 주부로 살게 됐어요. 하루를 알차게 살았다는 보람도 크지만 그만큼 더 건강에 각별해지고 있습니다. 체력이 뒷받침되지 않으면 일도 가정도, 저 자신도 온전히 지킬 수 없겠더라고요. 그래서 '건강한 다이어트', '굶지 않는 몸매관리'를 지향하며 항상 '균형잡힌 식단', '충분한 영양섭취'에 만전을 기하고 있습니다.

"아이들이 먹는 모습만 봐도 배부른 엄마지만 체중계 눈금 앞에서 희비가 갈리는 여자입니다"

365일 운동과 관리를 놓지 않는 40대 아주미의 식단은 맛있고 안전하고 건강합니다. 그래서 식단조절이 필요한 저부터 아이들까지 누구나 맛있게 먹을 수 있는 '굽네'의 헬스 앤 다이어트 푸드를 애용하고 있습니다.

인지도 있는 브랜드인만큼 식재료의 품질과 제조공정에 대한 믿음과 신뢰가 생겨서 우선 만족스러웠어요. 국민 치밥으로 사랑받은 '갈비천왕'으로 유명한 굽네의 헬스 앤 다이어트 푸드는 다양한 메뉴만큼 뛰어난 맛을 자랑해요.

운동하는 사람들의 필수 식단인 닭가슴살 요리를 비롯해 아이들이 좋아하는 치밥, 도시락, 소시지, 꼬치, 만두와 여름철 대표 보양식인 '삼계탕'까지 다이어트 식품부터 식사와 간식, 야식까지 한 번에 해결할 수 있어서 참 좋아요. 매일 마트에서 장을 보던 저의 일상이 굽네를 만나고 조금 한가해진 것 같기도 합니다.

바쁜 일과에 쫓기며 지내다 보니 손수 만든 음식으로 삼시세끼를 다 챙기지는 못해요. 배달음식이나 외식으로 대신하는 날도 많고 쉽게 조리할 수 있는 간편식으로 끼니를 때우는 날도 많습니다.

그래서 집에 상시 구비하는 간편 조리 식품은 최대한 믿을 수 있는 회사인지, 맛은 좋은지, 몸에 유익한 성분인지 확인하고 고릅니다. 저 뿐만 아니라 온 가족이 먹는 음식인만큼 건강과 직결되는 문제기 때문이에요.

이런 엄마의 마음으로 엄선하여 선택한 굽네의 헬스푸드는 요즘 저보다 아이들이 더 좋아합니다. 저열량, 고단백질 식품으로 위주로 구성된 메뉴들이기 때문에 아이들이 마음껏 먹어도 안심할 수 있어요. 오히려 꼬박꼬박 챙겨주지 않아도 알아서 잘 먹어주는 아이들이 고맙기도 합니다.

다가오는 복날도 저희집은 굽네의 삼계탕 팩으로 이겨낼 계획입니다. 간편하게 조리할 수 있으니 집에서 만들어 먹는데 부담이 없어요. 게다가 아이들도 무척 맛있게 먹어주니 저의 선택에 한 번 더 자신이 생겼습니다.

무더위에 지친 몸으로 지속하는 운동과 다이어트는 오히려 건강에 독이 될 수 있습니다. 예쁜 몸매, 날씬한 체형도 좋지만 건강이 최우선이라고 생각하는 40대 아주미의 인생 조언입니다. 기력이 떨어질 때는 보양식도 한 번씩 챙겨 먹으면서 안전하고 건강하게 예뻐지시길 바랍니다. 건강과 아름다움 두 마리 토끼를 쫓는 주부의 일상을 함께 해주셔서 감사합니다.

40대 주부의 홈슬리밍 "알파벳 미모 도전!"

"V라인과 S라인이 만나 또 다른 '리즈'를 갱신합니다"

마흔을 훌쩍 넘긴 살림 16년 차 주부입니다. 10대 시절부터 용돈을 모아 화장품을 사 모았고 수많은 다이어트를 시도해본 '천생 여자'라고 저를 소개하고 싶습니다. 어느덧 불혹을 훌쩍 넘겨 버린 주부지만 여전히 '젊음'과 '미모'를 쫓고 있습니다.

20대의 타고난 젊음, 30대의 화려한 멋은 없지만 40대의 양지혜는 10년 전보다 조금 더 노력하고 확실한 관리로 꿈을 실현해 가는 중입니다. 제 인생에 헬스와 뷰티는 오롯이 여자로서의 저 자신이자 저의 삶이라고 말할 수 있습니다.

평범한 주부로 육아와 살림이 일상이었던 저는 아내이자 엄마, 딸로서 살아가기 바빴던 것 같아요. 운동과 식단으로 다이어트에 성공하면서 비로소 저 자신을 되찾은 기분을 맛 봤고 SNS에 저만의 일기장을 만들고 세상과 소통을 시작했네요.

결혼 후 처음 느껴보는 관심과 응원에 자신을 얻었고 더 열심히 관리하며 저의 경험을 나눴습니다. 다이어트에서 시작한 자기관리지만 이젠 홈케어와 이너뷰티까지 여자를 건강하고 아름답게 하는 모든 관리를 두루 섭렵하며 연구하게 됐습니다. '시작은 미약하나 그 끝은 창대하리라'라는 일념으로 달려온 몇 년이었네요.

소심한 집순이 아줌마인 저지만 좋아하는 일 앞에서는 굉장히 과감해지는 저를 발견했습니다. 늦둥이 외동딸로 태어나 부모님 말씀에 고분고분하던 저였지만 헬스와 뷰티를 이야기하는 저는 단순하게 생각하고 일단 실천하는 '행동파' 아주미였습니다.

한 번 시작한 관리는 꾸준히 반복하고 부족한 부분은 새로운 관리로 채웠습니다. 특히 홈케어는 열심히 발품을 팔아가며 확실한 원료와 성능을 가진 화장품을 찾고자 무척 심사숙고했던 것 같아요. 그렇게 저만의 기초스킨케어 루틴을 완성시키고 이젠 보다 특별한 기능성 뷰티 아이템에 관심을 기울이고 있습니다.

요즘 저의 또 다른 관심은 '실루엣'과 '라인'입니다. 40대가 되고 보니 주름만큼 신경쓰게 되는 것이 탄력입니다. 신체 노화가 시작되면서 조금만 방심해도 탱탱한 탄력이 무너지는 것을 느낄 수 있어요. 중력의 방향으로 축축 처지는 턱살과 볼살은 물론 처진 힙라인과 복부, 팔뚝살까지 모두 '아래로, 아래로' 향하며 세월의 무상함을 느끼게 합니다.

얼굴의 V라인, 몸의 S라인이 조화로운 미인을 '알파벳걸'이라고 부르죠. 저는 그 알파벳 미모를 위해 더 열심히 홈케어와 홈트레이닝을 합니다. 노화를 피할 수는 없지만 조금 더 늦출 수는 있다는 신념에 확신이 있기 때문이에요.

특히 운동은 건강과 미모를 동시에 챙길 수 있는 관리인만큼 매일 빼먹지 않고 반복하려고 애쓰고 있습니다. 탄력있는 몸매를 유지하는 최선의 방법은 운동으로 탄탄한 근육을 만드는 거라고 하잖아요. 그리고 일상 중에는 수시로 바디 퍼밍 크림을 발라가며 매끄럽고 탄력 있는 바디라인을 관리합니다.

비브이비랩 셀룰라 바디 퍼밍 크림은 몇 달 째 테스트 중인 바디케어 크림입니다. 세계적인 코스메틱 제조사인 인터코스의 스위스 연구소만의 믿을 수 있는 기술력으로 탄생한 제품이라 일단 믿음이 갔어요.

Iso-SlimComplex™와 PPC, 소이이소플라본, 카페인이 주성분으로 피부의 순환을 돕고 슬림하고 매끈한 바디 실루엣 관리에 도움이 돼요. 중년 이후 호르몬 부족으로 힘을 잃은 피부에도 생기를 부여해 주니까 체형관리의 즐거움이 배가 됩니다.

이 밖에도 보르필린, 저분자 콜라겐, 판테놀 등이 탄력을, 5중 세라마이드가 피부의 촉촉한 윤기를 부여해줘 전체적으로 탱탱하고 매끈한 라인을 돋보이게 해요. 촉촉하고 산뜻한 타입의 크림이지만 천연 에센셜 블렌딩 오일도 함유하고 있어요. 크림으로 관리하는 동안 심신의 휴식을 주는 아로마테라피하는 기분이 들기도 합니다.

"꿈, 행복, 미래, 젊음과 건강…
이 모든 것은 나 자신의 내면에서 비롯합니다"

집에서는 홈트레이닝을 일상처럼 반복하는 만큼 퍼밍크림에 자주 손이 갑니다. 운동 중에는 순환과 배출을 촉진해 주는 체형관리 부스터 역할을 해 주니까 안심! 나이트 케어 단계에서는 마사지 크림 대신 사용하며 '전신 릴렉싱' 효과를 누리고 있어요.

크림을 바른 부위는 용기에 부착된 롤러를 사용해 마사지 해주면 에스테틱 관리가 아쉽지 않습니다. 피로가 쌓이기 쉬운 목과 어깨를 롤러로 집중관리해주면 얼굴의 붓기 관리까지 가능합니다. 이 밖에도 셀룰라이트나 뭉친 근육 등 바디라인을 망치는 부위는 어디든 간편하게 셀프 관리할 수 있어서 자꾸 손이 갑니다.

기술의 발달로 화장품만 있으면 집에서도 원하는 관리를 직접 할 수 있는 시대입니다. 단순히 피부의 기초 장벽을 튼튼히 하는 스킨케어로 만족하던 아주미지만 이젠 더 많은 것들을 욕심내게 됩니다.

홈케어로 갸름한 얼굴과 탄력있고 매끈한 몸매까지 가꾸는 아주미의 뷰티 다이어리에 불가능은 없다! 가성비 좋은 홈에스테틱 관리로 시들지 않는 미모를 완성하는 그날까지 저의 뷰티일기장은 휴무가 없을 예정입니다. 힐링하는 관리로 예쁨을 추구하는 아주미 양쥐언니였습니다.

'탄력탱탱' 명품 실루엣을 되찾는 호르몬 케어

"관리하는 여자는 그림자까지 아름답습니다"

잃어버린 일상을 벗어나 새 일상을 사는 '뉴노멀 시대'입니다. 변화를 인정하면서도 익숙했던 예전으로 돌아가고 싶은 마음은 어쩔 수 없는 것 같아요. 이전과 많이 다른 평범을 살고 있지만 젊고 건강한 삶을 향한 바람은 여전히 간절합니다.

세상이 변해도 본질은 바뀌지 않잖아요. 환경은 180도 바뀌었지만 운동하고 일하고 살림하는 아주미의 일상은 변함없이 '진행중'입니다. 한 번 뿐인 인생인데 삶이 주는 시련에 좌절하며 지내기에는 이 시간 또한 너무 소중하기 때문이에요.

언택트 소비가 급증하고 비대면 활동을 권장 받는 요즘이잖아요. 외출을 삼가게 되고 집에서 보내는 시간이 늘어나고 있어요. 여기에 이상 기후 현상까지 겹쳐 현실적 어려움이 더욱 가중된 상황이라 마음이 더 무겁습니다. 일상을 잃은 사람들의 외로움과 우울감이 커지는 가운데 다이어트 열기는 나날이 뜨거워지고 있어요.

무더운 날씨로 옷차림이 가벼워지는 여름을 '다이어트의 계절'이라고 하죠. 더구나 올해는 코로나19로 건강에 대한 관심이 늘면서 운동과 몸매관리에 대한 관심이 부쩍 높아진 것 같습니다. 특히 활동량이 급감하면서 불어난 체중도 결코 외면할 수 없는 고민 중 하나죠.

레저활동이나 스포츠 등 여가활동에 제약이 생기면서 산책이나 홈트레이닝으로 운동하시는 분들이 많습니다. 운동과 식단으로 SNS 활동을 시작한 저도 요즘은 홈트레이닝하는 시간이 더 많아요. 아울러 음식은 가볍고 건강하게 먹으려고 더 노력하고 있습니다.

운동과 식단으로 부족한 부분은 다이어트 보조제나 홈케어 화장품을 사용해 시너지효과를 얻습니다. 바쁜 아침은 단백질쉐이크로 식사를 대신하고 유산균과 콜라겐, 효소 등으로 몸 속 건강까지 챙겨요. 그리고 과식한 날은 다이어트 보조제의 도

움을 받기도 합니다.

활동 중에는 비브비비랩의 '셀룰라 바디 퍼밍 크림'을 꼭 발라 주고 있습니다. 피부의 순환과 배출을 도와 붓기와 체지방 분해를 촉진해 주고 피부를 매끄럽고 탄력있게 가꿔 주는 바디관리용 크림이에요.

세계적인 코스메틱 제조사인 인터코스 스위스연구소의 기술력을 기반으로 제작된 크림으로 빠른 흡수력과 산뜻한 발림성을 지녔습니다. 때문에 덥고 습한 여름에 발라도 사용감이 우수해요. 운동이나 산책할 때 발라주면 피부의 순환을 촉진해 더 확실한 관리 효과를 얻을 수 있습니다.

비브비비랩 셀룰라 바디 퍼밍 크림은 Iso-SlimComplex™와 PPC성분이 순환을 도와주고 식물성 에스트로겐인 소이이소플라본 성분과 카페인이 호르몬 불균형으로 생기를 잃은 피부의 활력을 되찾아 줘요. 또한 보르필린 , 저분자 콜라겐, 판테놀, 5중 세라마이드가 피부 장벽을 강화해 피부를 매끄럽고 탄력있게 해줍니다.

일상 중에는 크림을 몸 전체에 발라주고 피곤한 날은 제품 용기에 부착된 롤러를 사용해 집중관리를 합니다. 360도 회전하는 롤러가 뭉친 목과 어깨를 시원하게 풀어 주니까 하룻동안 쌓인 피로가 싹 풀리는 기분이에요.

"사는대로 생각하기보단
생각하는대로 사는 여자가 되고 싶습니다"

시련 앞에서 더 강해지는 것이 아주미의 근성인 것 같습니다. 평범한 주부로 부지런히 일하고 바쁘게 살아왔다고 생각했어요. 하지만 세계적인 시련을 경험하면서 이전보다 더 열심히 지내면서 이 고난을 이겨내 보자 다짐하는 제 자신을 발견합니다.

저는 강한 엄마이자 아름다운 여자로 나이들고 싶은 저의 꿈을 포기하지 않으려고 합니다. 어떤 힘든 상황에서도 꿋꿋한 의지로 흔들림 없는 일상을 살며 저 자신과 가족들을 돌보며 매일 감사하는 마음을 잊지 않고자 노력합니다.

'알 수 없는 인생'이라고 하잖아요. 당장은 힘들고 막연한 미래지만 포기하지 않고 나아가면 그 끝에는 멋지고 아름다운 결실이 기다리고 있지 않을까요? 매사에 긍정을 잃지 않는 아주미는 이렇게 행복을 꿈꾸며 오늘을 살아갑니다.

꿈꾸는 사람은 늙지 않고 사랑에 빠진 여자는 아름답다고 합니다. 평생의 젊음과 아름다움을 소망하는 저는 꿈에 가까워지는 미래를 위해 더 많은 목표를 생각합니다. 생각하는대로 사는 인생이 비로소 진짜 저의 인생이라고 생각해요.

'마음껏 원하고 최대한 상상하고 부지런히 행동하자!' 매일 저 자신에게 던지는 격려의 말로 오늘의 일기를 마무리합니다. 아울러 건강이 최고라는 사실 잊지 마세요.

"면역력이 답!" 40대 유지어터의 헬스케어

“밸런스를 찾는 여자, 일상도 몸매도 조화를 꿈꿉니다”

“건강 잘 챙기세요”가 ‘안녕하세요’보다 흔한 인사가 됐습니다. 치료제 없는 질병의 대유행 속에서 ‘오늘의 안위’를 먼저 염려하는 마음이 싹트고 있습니다.

사회적 거리두기와 마스크 착용, 손씻기 등 위생관리가 기본 에티켓이 됐고 그만큼 철저한 개인방역이 필수인 요즘이죠. 외출을 삼가고 야외활동이 어려워진만큼 건강식단이나 홈트레이닝으로 직접 몸매관리를 하고 건강식품에 대한 관심도 급증하는 추세예요.

이런 갑작스런 변화는 40대 주부에게도 낯설고 두렵게 다가옵니다. 그래서 더 평소 같이 생활하며 생활의 밸런스를 잃지 않으려고 합니다. 장소와 상황은 바뀌었어도 먹고 자고 운동하고 관리하는 일상의 루틴은 꾸준히 반복하고 있습니다. 그리고 제 심신의 ‘면역력’을 높이는 헬스케어를 겸하며 건강을 돌보고 있네요.

현존하는 의학기술 중 코로나19를 이겨내는 가장 확실한 방법은 ‘자가면역력’이라고 하잖아요. 외부 세균이나 바이러스로부터 몸을 보호하고 원상태로 회복시키는데 결정적인 역할을 하는 ’면역력‘은 요즘 가장 핫한 키워드 중 하나인데요. 수 년째 유지어터로 살고 있는 저는 ’바지오데이‘로 면역증강과 몸매관리를 한 번에 해결하고 있습니다.

5중 기능성 건강식품인 ‘바지오데이’는 체중감량 및 체지방 감소, 배변활동촉진, 면역기능 강화와 체내 세포보호, 항산화 등의 효능을 가진 제품입니다. 때문에 다이어트는 물론 우리 몸을 지키는 에너지까지 두루 얻을 수 있는 멀티 헬스 케어 아이템이라고 할 수 있어요.

면역력이 떨어지면 쉽게 피로감을 느끼고 두통, 어지럼증, 감기, 수면장애 등에 시달리기 쉽다고 해요. 또한 각종 염증성 질환과 바이러스 질환, 암 등의 질병에 노출

될 확률이 높아진다고 합니다. 때문에 감기나 독감이 유행하면 '면역력 증진'에 도움이 되는 건강식품이 사랑받곤 하죠.

이에 바지오데이는 탄수화물 커팅효과가 있는 가르시니아캄보지아 추출물, 배변활동을 원활하게 도와주는 알로에전잎, 항산화 및 체지방 감소에 효과적인 녹차 추출물 등을 함유. 면역력 강화와 체세포 보호에 탁월한 아연과 셀렌을 주성분으로 하고 있습니다. 체중관리는 물론 몸의 외부 저항력까지 높일 수 있어 '면역 다이어트 보조제'라고 소개해 드리고 싶네요.

아울러 부원료로 칼슘, 비타민B1, 비타민B2, 비타민C, 콜라겐, 프로바이오틱스, 프리바이오틱스 성분을 더해 몸 전체의 컨디션을 윤택하게 가꿀 수 있도록 도와 줍니다. 특히 다이어트로 인해 발생할 수 있는 영양결핍을 예방하는데는 최적의 아이템이라 할 수 있어요.

하나의 타블렛은 여러 영양성분을 함유하고 있지만 600mg로 물과 함께 삼키기 좋은 사이즈예요. 간편하게 하루 2회, 1회 2정을 섭취하면 S라인 몸매는 물론 바이러스에도 끄떡 없는 강한 체력까지 얻을 수 있습니다.

"관리는 아줌마처럼 억척스럽게, 미모는 여왕처럼 우아하게"

얼마 전 저는 집안에 아담한 트레이닝 공간을 마련했습니다. 탁 트인 헬스장에 비하면 협소하지만 안심하고 운동할 수 있다는 자체로 만족합니다. 건강과 몸매 관리를 위해 내린 결정이지만 일상의 답답함을 달래는 '저만의 홈라이프' 중 하나로 큰 위로가 되어 주고 있습니다.

주부의 일상은 나를 챙기는 것으로 끝이 아닙니다. 한창 엄마의 손길이 필요한 두 아이들이 있잖아요. 평소보다 더 각별히 아이들의 심신 상태를 점검하고 좋은 음식을 먹이고 깨끗한 실내 환경을 조성하려고 집안의 청결관리에 더 열을 올리고 있습니다.

가사노동의 강도가 높아진만큼 심신의 피로감은 더 커질 수 밖에 없어요. 바쁘게 생활하고 가끔 자유부인의 시간에 행복해 하던 아주미의 일상이 옛말이 됐죠. 오직 '건강'과 '안전'에 촉각을 세우고 지내는 매일이 '새로운 일상'이 된 것 같네요.

안정된 환경, 평화로운 일상의 반복이 그리운 요즘이에요. 하지만 눈 앞에 닥친 현실에 최대한 적응하는 노력도 필요한 것 같습니다. 주어진 상황에 충실하게 임하면서 그 안에서 또 다른 희망을 찾는 일, 저는 그 새로운 일상의 재건에 힘쓰며 수많은 인생의 가능성에 대해 '행복한 꿈'을 품어 봅니다. 모두들 '건강'하세요.

"머리부터 발끝까지" 건강한 미모를 찾는 '면역다이어트'

“단단한 몸으로 아름다움을 관리합니다”

코로나19 감염증이 세계를 휩쓸면서 180도 달라진 일상을 살고 있습니다. 사회적 거리두기와 마스크 착용이 생활이 된지 벌써 반 년을 넘겨 갑니다. 때문인지 예전 같은 생활로 돌아갈 수 없다는 전망과 함께 새로운 시대를 맞이할 준비가 한창인 것 같아요.

포스트코로나시대의 영향은 평범한 주부의 삶까지 변화를 주고 있습니다. 아이들 등교준비로 분주했던 아침 일상이 사라졌고 한가한 주말 동네친구들과 수다 떨며 누리던 휴식도 아득한 옛일이 됐습니다. 거리두기가 에티켓이 되면서 외출은 커녕 가벼운 만남조차 조심스러운 요즘이에요.

가정을 돌보는 엄마로서의 마음가짐도 달라지고 있습니다. 아이들의 학업과 진로 보다는 ‘안전’과 ‘건강’이 최우선이 됐고 위생적인 생활환경과 안전한 먹거리에 더 신경을 쓰게 됩니다. 저 자신을 위한 관리도 마찬가지예요. 단순히 날씬하고 예쁜 외모만큼 저 자신의 건강과 안위를 우선하게 됩니다.

질병과 노화의 위험으로부터 자유로워질 수는 없을까요? 코로나19를 경험하면서 면역력의 중요성이 재조명되고 있습니다. 상대적으로 신체 면역력과 회복력이 우수한 20~30대의 치사율이 낮다고 하잖아요.

외부의 공격으로부터 스스로 몸을 보호하는 힘을 면역력이라고 합니다. 흔히 감기 한 번 걸리지 않는 ‘건강체질’이나 아파도 금방 낫는 회복력을 지닌 경우 면역기능이 우수하다고 말하곤 합니다. 그래서 건강과 안전이 위협받는 시기에는 자체 면역력 강화가 중요할 수 밖에 없죠.

보통 환절기나 추운 겨울 신진대가 기능이 떨어지면 몸의 면역력도 저하된다고 해요. 때문에 몸에 좋은 보양식이나 영양제를 섭취하기도 합니다. 떨어진 면역력은 올바른 생활습관과 영양섭취로 충분히 끌어올릴 수 있기 때문이에요.

평소 운동과 식단으로 몸매와 건강관리를 겸해 온 저도 요즘은 면역력을 생각합니다. 저 자신의 건강이 곧 우리 가족의 안전이라는 책임감 때문인가 봐요. 그래서 기능성 다이어트 식품 테스트도 몸매관리는 물론 면역력까지 챙겨주는 제품을 선택했습니다.

지난 봄 사회적 거리두기로 '확찐자'가 되어본 아주미라서 늦여름까지 몸매관리는 포기할 수 없더라고요. 그래서 선택한 저의 이너뷰티 아이템은 '바지오데이'입니다.

5중 기능성 건강보조제인 '바지오데이'는 면역력은 높여주고 다이어트 효과는 높여주는 '면역 다이어트 건강기능식품'입니다. 탄수화물의 지방합성을 막아주고 배변활동을 촉진, 항산화 및 체지방 감소에 도움을 줌은 물론 면역력 향상 및 세포 보호에 필요한 유효 영양성분을 담은 제품이에요.

가르시니아 캄보지아 추출물, 알로에 전잎, 녹차추출물 등이 몸을 가볍게! 면역기능을 높여주는 아연과 체내 세포를 지켜주는 셀렌 등을 주원료로 하는 건강기능식품입니다. 이외에도 칼슘, 비타민B1, 비타민B2, 비타민C, 콜라겐, 프로바이오틱스, 프리바이오틱스 성분을 부원료로 추가하여 다이어터들의 영양 밸런스까지 챙길 수 있도록 했습니다.

하루 2번, 1회 2정씩 섭취해 주면 다이어트와 함께 지친 심신의 면역기능을 끌어올리는 효과를 누릴 수 있어요. 몸이 가벼워지는 만큼 생활에 활력도 생기고 무기력하고 피곤한 기분도 한결 나아진 것 같습니다.

"시련은 사람을 성장케 하고
시련 속에 관리하는 여자는 우울할 겨를이 없습니다"

외부 활동을 삼가는 만큼 운동량은 줄고 음식섭취는 늘고 있습니다. 마음껏 활동하지 못하는 시간이 길어질수록 몸도 마음도 무거워지는 것이 현실이죠. 활력이 떨어질수록 일상의 무료함도 커집니다.

사회적으로 심적 우울감을 느끼는 '코로나블루'가 심각하다고 해요. 감염병의 확산과 현실적 어려움 속에서 무너지지 않는 유일한 방법은 '셀프케어'뿐이 아닐까 싶어요. 그래서 저는 변함없이 운동하고 피부를 관리하며 한결 같은 모습을 유지하려고 합니다.

우울하고 힘든 시기지만 건강과 외모까지 잃을 수는 없잖아요. 집에서 머물며 더 좋은 음식을 먹고 틈틈이 운동하고 꾸준히 홈케어하며 시간을 헛되이 보내지 않으려고 합니다. 시간은 누구에게나 공평하게 주어지지만 그 결과는 결코 공평하지 않아요. 당장 할 수 있는 일부터 최선을 다하면 언젠가 이 시련도 지나갈 겁니다.

행운은 노력하는 자에게 찾아오고 행복은 일상에 숨겨져 있다고 합니다. 자신을 아끼는 마음과 건강만 있다면 불가능은 없습니다. 언제가 찾아올지 모를 행운과 오늘의 행복을 위하여 더 건강하고 아름다운 일상을 가꾸시길 바랍니다.

S라인 꽃줌마의 이너뷰티 "체중은 줄이고 면역은 높이고!"

“인생도 미모도 일석이조를 생각합니다”

두 아이와 ‘방구석라이프’를 즐기고 있습니다. 한창 또래와 어울릴 나이인 남매는 심심하다고 아우성이에요. 평소 집순이를 자처해 온 저도 집이 답답한 요즘이죠. 안타까운 마음에 아이들과 함께 즐길거리를 고민하면서도 일하랴, 밥하랴, 청소하랴 정신없는 나날을 보내고 있습니다.

코로나19 위기경보가 심각단계에 이르면서 다시 강력한 수준의 사회적 거리두기가 시행중이에요. 내 가족과 지역사회의 안정화를 위해서 적극적인 참여가 요구되는 만큼 저도 가급적 외출을 삼가고 있습니다. 그리고 지난 봄의 경험을 교훈 삼아 이번에는 ‘확찐자’가 되지 않으려고 단단히 결심하고 있습니다.

요즘은 바이러스 질환보다 무서운 것이 심리적인 우울감인 ‘코로나블루’라고 합니다. 사회 전체가 멈춰버린 불안감을 견디며 180도 달라진 일상에 묵묵히 적응하기란 생각처럼 쉽지 않습니다.

경제적 어려움, 계속된 장마와 폭우, 여가를 잃은 절제된 생활까지 그나마 먹는 즐거움으로 위안을 받고 있지만 늘어난 체중을 보면 한숨부터 나오는 것이 코로나 시대를 사는 주부의 평범한 일상이 아닐까 싶네요.

저는 30대 후반에 각고의 노력으로 8kg 감량에 성공한 뒤로 수년째 유지어터로 살고 있습니다. 여러 다이어트에 도전해봤고 감량 후 요요현상을 경험한 저로서는 감량보다 유지가 더 큰 숙제였던 것 같아요. 그래서 지금도 꾸준히 운동과 식단을 병행하며 적정체중을 유지하는데 공을 들이고 있습니다.

건강과 몸매관리만큼은 철저하고 싶었던 저도 올 봄 확찐자가 됐어요. 요샛말로 ‘급찐살(급격히 찐 살)’을 빼려고 올 여름내내 정말 열심히 운동했던 것 같네요. 그래서 요즘은 다이어트 보조제의 도움을 받으며 좀 더 확실한 관리 효과를 얻고자 노력하고 있습니다.

40대 아주미의 '건강'과 'S라인'을 지키기 위해 선택한 이너뷰티 아이템은 '바지오데이'입니다. 5중 기능성 다이어트 보조제인 바지오데이는 탄수화물의 지방 합성 억제, 체지방 분해, 배변활동 활성화, 항산화 및 세포보호, 면역기능 향상 등의 5가지 효과를 지닌 제품입니다. 하루 2회 1회 2정 씩 섭취하면 체중감량과 면역역 향상에 도움을 얻을 수 있어요. S라인 몸매도 유지하고 건강까지 챙길 수 있으니 일석이조인 셈이죠.

치킨은 '양반후반(양념 반, 후라이드 반)'이 진리고 중화요리도 세트메뉴가 대세잖아요. 다이어트 보조제도 체중 '감량'과 건강 '증진' 두 가지를 다 챙길 수 이 있어야 '찐' 아이템이 아닐까요. 다이어트도 결국 건강하고 아름다운 삶을 위한 건데 몸에 더 유익한 성분으로 예쁨을 지킬 수 있으니 만족감이 더 큽니다.

바지오데이는 체지방 감량, 탄수화물 커팅, 배변활동촉진에 도움이 되는 녹차추출물, 가르시니아캄보지아, 알로에전잎 이외에도 아연과 셀렌이 주성분으로 함유되어 있습니다. 아연은 몸의 면역 기능을 향상시키는데 도움을 주고 셀렌은 유해산소로부터 우리 몸 속 세포를 보호하는 역할을 한다고 해요.

또한 칼슘, 비타민B1, 비타민B2, 비타민C, 콜라겐, 프로바이오틱스, 프리바이오틱스 성분을 부원료로 함유하고 있어 대사에 필요한 다양한 영양성분을 골고루 채워줍니다. 이만하면 스트레스와 만성피로에 지친 심신을 체계적으로 관리할 수 있는 건강기능식품이 아닐까요?

"건강한 몸에 바른 정신이 깃든다"

코로나19 팬데믹의 여파로 '잃어버린 세대'라는 말이 재조명되고 있다고 합니다. 참혹했던 1차 세계대전을 겪은 젊은 세대를 일컫던 표현인데요. 지금 우리 아이들의 현실을 빗대어 사용되고 있단 사실이 무척 안타깝고 마음이 아파요. 벌써 40대의 문턱을 훌쩍 넘어버린 저도 하루하루가 소중한데 한참 경험하고 배울 나이인 아이들에게 오늘은 더 귀한 시간이 잖아요.

두 아이의 엄마이자 앞서 인생을 살아온 이전 세대로서 더 큰 책임감과 사명감을 갖게 됩니다. 우리 아이들에게 조금이라도 더 나은 환경, 행복한 일상을 만들어 주는 것이 제 몫인 것 같아요. 그래서 더 활기차게 일하고 건강하게 먹고 열심히 운동하며 '긍정의 에너지'와 '활력'을 잃지 않으려고 합니다.

선한 영향력을 넘어 기쁨과 희망을 갖게 해 주는 긍정의 아이콘! 열악한 환경과 상황 속에서도 꿋꿋한 의지로 노력하면 일상의 행복을 지킬 수 있다는 사실을 몸소 실천해 보여드리고 싶습니다. 우리 아이들을 비롯해 저와 동행하시는 모든 주부들의 마음에도 '반짝' 해가 뜨길 바라면서 말이죠.

행복은 멀리 있지 않습니다. 좋아하는 일을 하면서 생활 속에 담겨 있는 소소한 행복을 찾다보면 몸과 마음의 건강도 지켜지지 않을까 짐작해 봅니다. 모두의 안녕과 안정을 기원하며 오늘의 일기는 여기서 마무리합니다.

다이어트 부스터! 몸이 예뻐지는 '이너뷰티 루틴'

“탄탄한 복근, 처짐 없는 힙업이 곧 청춘입니다”

77년생 양지혜. 올해 44살 주부의 꿈은 무엇일까요? 결혼을 한 뒤로 제 이름만큼 듣기 어려운 질문이 ‘저의 꿈’인 것 같습니다. 나이를 먹고 주부가 되고 엄마가 됐지만 저에게도 여전히 이루고 싶은 꿈은 존재합니다.

지금의 저는 메마른 일상에 설렘과 떨림을 나누는 사람이 되고 싶습니다. 아이들과 아웅다웅 살아가는 철없는 엄마, 좋은 것은 무조건 함께 나누고 싶은 오지랖 넓은 아주미 그리고 더 나아가서는 한 여자로서 시들지 않는 젊음을 위해 끊임없이 연구하고 탐구하는 ‘헬스 앤 뷰티 크리에이터’로 깊이 있는 이야기를 나누고 싶어요.

일상 속에서 관리하는 ‘헬스’와 ‘뷰티’는 제가 가장 자신있게 이야기할 수 있는 분야입니다. 16년 넘는 주부경력을 밑거름 삼아 틈틈이 쌓아올린 다이어트와 홈케어 노하우는 밤새도록 이야기해도 부족해요. 특히 홈트레이닝 운동과 다이어트 식단, 헬스케어 루틴은 좋은 상담자가 되어 줄 수 있다고 자부할 수 있습니다.

십 수년 동안 시도해 본 다이어트만 해도 셀 수가 없고 체중감량과 유지에 성공하는 기쁨을 맛본 아주미잖아요. 저의 이야기는 그동안 실패를 통해 얻은 교훈과 수년간의 유지기간 동안 연구한 몸매 관리법입니다. 저의 실제 ‘경험’과 관련 분야의 ‘전문지식’을 총망라해 얻어낸 결실인 만큼 저에게는 소중한 재산이라 할 수 있어요.

건강과 몸매를 지켜주는 ‘다이어트’는 정답이 없습니다. 하지만 저의 경험을 비추어 보면 건강한 다이어트는 운동, 식단, 이너뷰티 관리가 동시에 이루어져야 하는 것 같습니다. 때문에 ‘재밌게 운동하며 맛있게 먹는 다이어트’라는 말을 자주 하곤 하는데요. 맛있게 먹기는 쉬워도 재밌게 운동하기란 쉽지 않은 것이 사실이죠.

“현실주부의 다이어트에는 ‘왕도’가 존재합니다”

그래서 저는 ‘맛있게 먹는 꼼수 다이어트’를 추천하려고 합니다. 현실적으로 일하고 살림하면서 매일 운동을 지속하기란 쉽지 않습니다. 저 역시 고강도 운동은 주 2회 정도로 제한하고 하루 30분 정도 홈트레이닝을 하며 운동량을 채우고 있습니다.

때문에 집중감량을 목표로 다이어트를 할 때는 보조제와 효소, 콜라겐 등의 이너뷰티제품을 섭취하며 시너지 효과를 얻습니다. 이너뷰티 시장이 급성장하면서 안전하고 좋은 제품이 다양하게 출시되고 있어요. 피부부터 건강, 체중조절까지 간편하게 섭취하는 것만으로 확실한 효과를 얻을 수 있기 때문에 자꾸 더 관심을 갖게 됩니다.

집중관리 중인 요즘은 맛있는 이너뷰티 제품을 적절히 활용하고 있습니다. 음료와 빵, 과자 등의 간식을 한 번에 끊을 수는 없더라고요. 대신 효과 좋고 맛있는 이너뷰티 제품을 휴대하고 다니며 틈틈이 간식처럼 섭취하고 있습니다.

하루 세 끼 식단을 제외하고 데일리로 섭취하는 저의 이너뷰티 제품은 바지오데이, 바지오 위라이크 효소, 이너라운드 타트체리 콜라겐 젤리, 유산균 이렇게 총 네 가지 입니다.

체중감량 및 체지방 감소에 효과적인 ‘바지오데이’는 다이어트와 면역기능개선, 주요 영양성분 섭취를 한 번에 해결해 주는 건강기능식품입니다. 1회 2정 하루 4알을 섭취하는 것만으로도 체중이 줄어드는 것을 확인할 수 있습니다. 또한 주요 비타민과 아연, 셀렌 등의 영양성분을 함유하고 있어 면역력을 끌어올려 준다고 합니다.

바지오 위라이크 효소와 비브이비 타트체리 콜라겐 젤리는 제가 애정하는 이너뷰티 아이템입니다. 상큼한 맛과 향이 뛰어나기 때문에 간식처럼 즐기기 안성맞춤입니다.

위라이크 효소는 100% 국내산 현미를 통발효한 천연효소 제품입니다. 위장 내 환경을 개선해 독소배출 및 체지방 분해를 촉진해 주는 효소 고유의 기능은 최대한 살린 반면 베리분말을 첨가해 발효곡물 특유의 향과 시큼한 맛을 줄인 '맛있는 효소' 입니다. 과립 형태의 상큼한 효소라 먹기에 부담이 적고 종일 속이 편안하니까 생활에 활력이 생기는 것 같습니다.

이너라운드 타트체리 콜라겐은 한창 테스터 중인 콜라겐 젤리입니다, 흡수력이 우수한 초저분자 피쉬콜라겐에 타트체리와 블루베리 등의 과즙을 더한 '젤리 형태'의 콜라겐 제품이에요. 다이어트 중 발생할 수 있는 피부노화와 탄력감소를 예방하기 위해 먹고 있지만 쫄깃한 식감과 상큼한 맛에 한 번 더 반하는 중입니다.

다이어트 꿀조합! 이너뷰티 데일리 루틴

바지오 데이 하루 2번 총 4알

바지오 위라이크 효소 하루 2포

이너라운드 타트체리 콜라겐 젤리 하루 1포

이렇게 식단과 함께 병행하는 이너뷰티 제품은 저의 다이어트 일상에 훌륭한 조력자 역할을 하고 있습니다. 탄수화물 커팅제의 도움을 받는 만큼 비교적 자유롭게 먹을 수 있어 스트레스도 덜하고 고강도 운동에 연연하지 않고도 만족스런 체중감량 결과를 얻을 수 있으니까요.

생명과학기술의 발달과 이너뷰티 제품의 진보로 삶의 질이 한 단계 업그레이드된 기분입니다. 부담 없이 운동하고 맛있게 먹으며 예쁜 몸매까지 얻을 수 있다니 참 좋은 세상을 살고 있지 않나 싶습니다.

네비게이션에 최단거리, 최단시간의 선택사항이 존재하듯 다이어트에도 다양한 선택사항이 존재합니다. 그 중 건강한 다이어트, 힘들지 않고 지속가능한 몸매 관리를 중시하는 저는 '이너뷰티' 아이템으로 아름다움을 관리하는 중입니다.

'생활'에 스며든 '뷰티'로 행복을 전합니다

40대 주부의 두 번째 이야기는 일상에 가깝고 싶었습니다. 먹고 자고 숨쉬며 살아가는 것처럼 '여자의 시간'이 자연스러운 생활의 일부가 되길 바라는 저의 소망때문입니다.

생활의 모든 곳에 자연스럽게 녹아든 운동과 식단, 홈케어와 이너뷰티는 특별하지 않아요. 조금만 주의를 기울이면 따로 시간을 내지 않고도 조금씩 나를 돌볼 수 있고, 그런 작은 실천이 쌓여 변화가 시작됩니다.

왠지 너무 쉽고 간단해서 누구나 마음만 먹으면 시작할 수 있는 관리루틴, 부담 없이 쓸 수 있는 합리적인 가격이 좋은 화장품, 그래서 더 꾸준히, 즐겁게 지속할 수 있는 여자의 시간에 대한 저의 생각을 정리해 보았어요. 좋은 것은 함께 나누고 싶은 주부의 마음이기도 하고, 누군가에게 공감을 사고 싶은 여자의 마음이기도 합니다.

여자는 태어나는 순간부터 예쁨을 사랑하고 아름다움을 쫓는다고 해요. 저 역시 여자라서 멋지고 예쁜 것에 마음을 빼앗기고, 저 자신이 항상 젊고 매력적인 여자로 살 수 있기를 소원합니다. 그래서 더 열심히 건강을 챙기고 스스로를 다독이며 저의 안과 밖을 돌봅니다.

겉으로 드러나 보이는 외모와 젊음이 인생의 전부는 아니지만, 그 안에서 얻어지는 자기만족이 저를 행복하게 하는 것 같아요. 완벽할 수는 없지만 완벽에 가까워지려는 노력이 저를 더 분발하게 하고, 노력한 만큼 얻어지는 결실이 저를 더 당당한 여자로 살게 합니다. 제 내면에 자신감이 생기니 평범했던 일상도 특별해진 기분이에요.

> 나는 나를 웃게 하는 사람들을 사랑한다. 솔직히 내가 가장 좋아하는 것은 웃는 것이다.
> 웃음은 수많은 질병들을 치료해 준다. 웃음은 아마도 사람에게 가장 중요한 것일 것이다.
> - 오드리 햅번-

내면이 충만한 사람은 그 행복감이 얼굴로 드러난다고 해요. 마음의 행복은 밖에서 얻어지는 것이 아니라 좋은 생각을 하고 자주 웃으면 저절로 생겨나는 감정이라고 합니다.

여러분을 행복하게 만드는 '좋은 생각'은 무엇인가요? 저는 오늘도 두 아이와 복작대며 웃고, 여자의 아름다움과 젊음을 연구하며 한 번 더 웃습니다. 정말 행복은 멀리 있지 않은 것 같네요. 모두 행복하세요.